四特 教育系列丛书 SITEJIAOYUXILIECONGSHU

U0587125

一对一教学

《"四特"教育系列丛书》编委会 编著

吉林出版集团股份有限公司

全国百佳图书出版单位

图书在版编目 (CIP) 数据

一对一教学／《"四特"教育系列丛书》编委会编著.
—长春：吉林出版集团股份有限公司，2012.4

（"四特"教育系列丛书／庄文中等主编.课堂教学与
管理艺术）

ISBN 978-7-5643-8727-7

I . ①一… Ⅱ . ①四… Ⅲ . ①中小学－教学研究
Ⅳ . ① G632.0

中国版本图书馆 CIP 数据核字（2012）第 044377 号

一对一教学

YIDUIYI JIAOXUE

出 版 人	吴　强	
责任编辑	朱子玉　杨　帆	
开　　本	690mm×960mm　1/16	
字　　数	250 千字	
印　　张	13	
版　　次	2012 年 4 月第 1 版	
印　　次	2023 年 2 月第 3 次印刷	

出　　版	吉林出版集团股份有限公司
发　　行	吉林音像出版社有限责任公司
地　　址	长春市南关区福祉大路 5788 号
电　　话	0431-81629667
印　　刷	三河市燕春印务有限公司

ISBN 978-7-5643-8727-7　　　　　定价：39.80 元

前　言

　　学校教育是个人一生中所受教育最重要的组成部分,个人在学校里接受计划性的指导,系统地学习文化知识、社会规范、道德准则和价值观念。学校教育从某种意义上讲,决定着个人社会化的水平和性质,是个体社会化的重要基地。知识经济时代要求社会尊师重教,学校教育越来越受重视,在社会中起到举足轻重的作用。

　　"四特教育系列丛书"以"特定对象、特别对待、特殊方法、特例分析"为宗旨,立足学校教育与管理,理论结合实践,集多位教育界专家、学者以及一线校长、老师们的教育成果与经验于一体,围绕困扰学校、领导、教师、学生的教育难题,集思广益,多方借鉴,力求全面彻底解决。

　　本辑为"四特教育系列丛书"之《课堂教学与管理艺术》。

　　目前,在我国的学校教育中,课堂教学仍然是一种主要的教育教学活动,要想有效地提高课堂教学质量与效果效率,就必须充分尊重和应用教育科学理论,系统学习、研究、提高课堂教学艺术水平,这不仅是对课堂教学的客观要求,而且是教育教学研究的发展趋势之一。因此,有志于从事教育事业去当一名教师的教育专业学生,都有必要去学习、研究课堂教学艺术,为今后做一名合格的教师进行充分的准备。本书把教育教学理论和教育教学实践有机地结合起来,系统地研究课堂教学的规律和实践,研究教学过程中的各种实际问题。

　　本书还有另一个很明确的目的,那就是:确立班级管理的专业地位,提升师生教学质量。我们分别从学生、教师(班主任)的角度分别进行说明。班级管理是门艺术,大凡艺术殿堂的攀登,都需要自觉的奉献;班级管理又是门科学,涉及科学领域的探索,必依赖智慧的涌动。希望本书的出版,能为工作在第一线的广大中小学班主任提供一个支点,同时,能唤起一部分对班主任工作感兴趣的专家学者的热情,共同来研究这个新课题,让班主任班组管理这项至关重要的工作,更具科学性和艺术性。这也是本书编写的意义所在。

　　本辑共20分册,具体内容如下:

　　1.《怎样把课说好》

　　"说课"是深化教育改革,探讨教学方法,实践教学手段,提高教育教学业务水平的一种好方法,也是教师进一步学习教育理论,用科学的手段指导教学实践,提高教学科研水平,增强教学基本功的一项重要方法。本书主要从说课准备、精心设计与组织说课材料、幽默为教法服务、情感学法说课、辅助教学程序、互动教学目标、应对说课失误和总结说课经验等方面来进行铺垫和阐述。我们站在说课者的角度,多层次地模拟了说课中遇到的各种问题,并提出了相应的改进措施,希望教师在说课中少走弯路,对于日后的说课教学能起到更大的帮助。

　　2.《怎样设计教学情境》

　　本书着重探讨了如何使新课程提倡的自主学习、探究学习、合作学习真正进入到课堂之中。通过介绍西方课堂设计的理论和教学策略，总结国内课堂教学改革的成功经验，为教师进行有效的课堂设计提供切实的指导和帮助。

3.《怎样把课备好》

备课能力是一个教师最基本的业务能力。备课是教师教学活动的一个重要组成部分，也是上好一堂课的前提和重要保证。教师要上好课，首先必须备好课，备课是一项深入细致的工作，是教师达成良好教学效果的关键。教师备课最需要用"心"、用"情"、用"力"和重"思"。

4.《怎样把课上好》

课堂动了，学生活了，互动、对话成为课堂教学的常态了，课堂上出现一系列变动不居的场景也就在情理之中了。教师根据课堂教学中生成的各种资源，形成后续的、新的教学行为。动态成为常态，生成成为过程，这些教学的新要求，是上课时教师需要加以灵活掌握的，也是本书所要介绍的。希望通过本书，教师不仅能获得教学的新理念，同时能获得基本的教学策略。

5.《走出教学雷区》

由于学识、经验、能力、性格、思维等诸方面的限制，教师由于认识和行动上产生了偏差，在教学过程中走入误区在所难免。本书列举了日常教学工作中教师常出现的一些问题甚至错误，分析这些问题产生的根源及这些问题在教学中的呈现形式，提出解决的方案，引导教师避免或者走出误区，通过"行动—反思—再行动—再反思"，引导教师做一个反思型教师。促进教师在专业化的道路上更快的成长和进步。

6.《让学生出类拔萃》

在学校里，尖子生往往是重点培养对象，集"万千宠爱于一身"。但是作为教师，不能被尖子生"一俊遮百丑"而忽视对他们的培训和教育。教师应该正确认识和了解尖子生，做好培优工作，积极引导，严格要求，满足他们强烈的求知欲，充分施展其才能并通过尖子生积极进取的态度、较好的学习方法影响和帮助其他同学共同发展，使全体学生成绩不断地推进。

对尖子生的培养是一项艰巨而漫长但又极具乐趣的工程，希望通过本书的学习，我们的教师都能发现千里马，精心、尽力培养，让他们跑得更快、更远！

7.《一对一教学》

在中国，"一刀切"式的教学方法普遍存在于课堂中，然而，每个学生特点各异，只有建立在了解学生基础上的个性化教学才能使学生受益无穷。

不是崭新的课本、新潮的教学技巧，也不是最新的教学设备，唯有优秀的教师才是学生成功的关键。坚信我们有责任坚持不懈地寻找和发现优秀的孩子，我们也要认识到每一个孩子都与众不同。本书致力于了解我们的学生并找到适合各个学生的教学方法，因材施教。

8.《让课堂动起来》

教师如何形成新的课堂教学艺术技巧、如何让课堂变得更加生动有趣，这正是本书论述的要旨所在。

教师要上好一堂课，除了要有热情与高度的责任感之外，还要有渊博的知识和一定的讲课技巧，教师必须认真备课、多动脑、多想办法，有了一定的授课技巧，课堂就会时时呈现出精彩！

9.《不怒自威》

本书以清新的笔调、详实的案例向教师娓娓道来:要树立起自己的威信,教师除了要师德高尚、敬业爱生,专业精湛、诚实守信、仪表得当,还要宽严有度、教管有方、赏罚分明、公平公正。只有这样,学生对教师才能心悦诚服,也只有这样,教师才不会在"学生难管"的哀叹中失落教育的权威。

10.《好学生是怎样炼成的》

行为变为习惯,习惯养成性格,性格决定命运。一个动作,一种行为,多次重复,就能进入人的潜意识,变成习惯性动作。习惯对每个人梦想的实现,命运的选择起到了决定性作用。青少年正处于一个习惯的塑造和培养期,养成良好的习惯会让每个孩子都成为好学生,会使其受益终生。

11.《与差生说拜拜》

本书以新颖的创作手法和情真意切的教育语言从多个方面阐述了怎样对后进生进行转化,如何正确认识后进生,坚守对后进生的教育之爱,唤起后进生向上的信心,解开后进生的"心结",有针对性地解决后进生的"问题"行为,加大对后进生的学法指导,提升后进生的自身能力,善用工作技巧来解决后进生问题,走出教育后进生的误区。本书有较强的可读性、针对性、实用性和操作性,对教师转化后进生的教育工作有实际性的参考和切实有效的帮助。

12.《从管到不管》

课堂管理艺术和技巧是以学生发展为本的,是教师教学智慧的新表征,是教学实践和经验概括和理性提升,本书所阐述的艺术和技巧是简约的,实用的,可操作的,可借鉴的。教师通过本书的阅读和借鉴,能够在新课程实践探索的道路上,不断更新课堂管理理念,优化课堂管理行为,形成新的教学本领和新的课堂管理艺术,让课堂教学焕发出生命的活力。

13.《把握好教学心理》

为了帮助读者成为"有意识的教师",作者提出了若干问题以引导学生思考和学习,并列举大量课堂实例,作为实践范例。本书鼓励教师去思考学生是如何发展和学习的;鼓励教师在教学之前和教学过程中做出决策;鼓励教师思考如何证明学生正在进行学习、正在迈向成功。本书反映了当前有关的新理论与新进展,所介绍的各种研究结论在课堂实践中得到了验证与应用。该书所倡导的兼收并蓄的均衡教学为教学的专业化发展奠定了基础。

14.《完美的班规》

优秀的班集体需要制订切实可行、行之有效的好班规。本书采用了通俗的创作方法,把死板的道理鲜活化,把教条的写法改变为以案例为主,分析、评点为辅,把最先进的教育理念和方法融入有趣的情境中。经典的案例,情境式的叙述,流畅的语言,充满感情的评述,发人深省的剖析,娓娓道来、深入浅出,让教师更充分地领会先进、有效的教育方法。

15.《让问题学生不再成问题》

班级里总有那么些学生:有的顶撞老师,经常迟到;有的迷恋网络,偷拿钱物,早恋;有的对同学暴力相向,甚至离家出走;教师在他们身上花费很多精力,然而收效甚微。教育这些学生,需要耐心,更需要教育的智慧。

本书是一部针对这一现象为教师提供方法的教育研究专著,也是一部关于问题学生的教育学通俗读物。本书以教师最头痛的问题学生为突破口,努力在这个问题上把智慧型教育理论化、具体化、可操作化,且适当规范化。这既是教育问题学生的一本"医书",也是教师科学思维方式的培训教材。

16.《消除师生间的鸿沟》

本书在编写中,尽力以轻松的笔调来"海阔天空"地谈论教育中的师生关系这一敏感问题,以求能让读者在阅读中有快乐、有启发、有思辨。本书每一篇章采用夹叙夹议的编写风格,叙述的是事例,议论的是道理。为了最终能让读者更广泛、更深刻地明白教育道理,本书一般通过"生活事例——生活道理——教育道理——教育案例"这种内外结合、纵横交错的行文方式,实现"顺理成章"的阅读品质。

17.《用活动管理班级》

随着社会和教育的发展,我们对班级的认识也经历着一个相应的发展历程。班主任的角色定位与对班级性质的认识应该是相匹配的。班级活动作为班级功能主要的承载体,在功能、形式和内容上同样需要在新课程背景下重新定位。本书紧扣班主任专业化发展这一核心理念,从班主任实际工作需要出发,由案例导入理论问题,又理论联系实践,突出案例教学与活动的组织和设计;不仅贯彻教育部提出的针对性、实效性、创新性、操作性等原则,而且便于进行系统、有选择性的培训。

18.《学生奖惩艺术》

现在的学校普遍提倡激励教育,少用惩罚性处罚手段,认为处罚只能打击学生的自尊心,使学生丧失上进和改正缺点的动力。但是,激励不是万能的。教育不能没有处罚,没有处罚的教育是不完整的教育。本书针对教师如何奖励和处罚学生进行了系统而深入的分析和探讨,并提出了解决这一问题的新思路、可供实际操作的新方案,内容翔实,个案丰富,对中小学教师颇有启发意义。本书体例科学,内容生动活泼,语言简洁明快,针对性强,具有很强的系统性、实用性、实践性和指导性。

19.《永葆教育激情》

谁偷走了中小学教师的激情?生命中不能承受之重对教师起到了什么影响?教师职业倦怠的原因在哪里?克服倦怠的具体行动有哪些?如何正确认识和驾驭工作压力?……这些问题就是本书要为你回答的。本书对教师的职业倦怠进行了系统而深入的分析和探讨,并提出了解决这一问题的新思路、可供实际操作的新方案,内容翔实,教案丰富,对中小学教师颇有启发意义。

20.《超级班级管理法》

班级管理是门艺术,大凡艺术殿堂的攀登,都需要自觉的奉献;班级管理又是门科学,涉及科学领域的探索,必依赖智慧的涌动。本书是多位优秀班主任集思广益、辛勤笔耕的结晶。一是实用性,所选的问题都来自班主任的实际工作,容易引起班主任的同感。二是可操作性,提出的应对方法都简便易行。三是时代性,所选问题与当前课程改革,与学生实际相结合具有浓厚的时代气息。

由于时间、经验的关系,本书在编写等方面,必定存在不足和错误之处,衷心希望各界读者、一线教师及教育界人士批评指正。

编者

C 目 录
ONTENTS

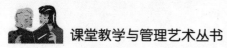

所有的教师都要学会做学生

本文注重实用性，并力图提升教师的思考能力，这种能力有助于教师分析各种可能影响教与学的因素。本文的最终目的是分别帮助教师和学生提高自己的教学能力和学习能力。综观全书，我们把"传授"知识的人看作是教师，而把"接受"知识的人看作是学生。在类似课堂、专业团体或者学校的学习系统（learning system）中，人们通常会想当然地把成年人看作"教师"，而把儿童看作"学生"，而我们则希望进一步扩展这一观念。就我们所知，每个人不仅有潜力，而且应该在日常活动的某些时刻，既是教师也是学生。众所周知，英文中"教师"是以小写字母"t"开头的，实际上这与成年人可能涉及的一系列诸如专业地位、培训、责任和身份等问题是有联系的。然而，用小写的"t"代表教师，意味着我们强调教师与学生之间存在一种"关系"。当然，我们不能忽略现实中教师权力和身份的问题，但我们希望强调的是：教与学的基础以这种"关系"为出发点。

通过对教与学的思考与实践，教师可以提升自己的教学能力。我们之所以选择分层作为写作的主题，是因为在与教师一起工作的过程中我们发现"分层"常被当作一个问题提出来——"我们被告知必须使用分层的方法进行教学，可是我们该怎样去做呢？我们需要得到具体的指导。"在许多学校里，教师作为知识的管理者，常常发现当自己站在讲台上滔滔不绝地讲课，并以为每个学生都已经学会了自己所讲的内容时，时间已经在不知不觉中流逝，这实际上只体现了一种"我教—你学"的教学模式。

我们不能想当然地认为教师教了什么学生就掌握了什么，教与学的过程远比简单的指令输入、输出过程复杂得多，其原因有两点：第一，教师与学生的交流并不像操作机器那样简单；第二，参与学习过程的个体在学习需要、发展阶段、情感态度、价值观念上存在差异，他们以不同的人生观和意识形态为基础进行学习。因此，我们认为，教师可能会愿意看到传统说教式的教学方式退出历史舞台。

传统的非互动式教学通常基于这样两种假设：第一，所有的学生都具备同样的智力、能力和潜力；第二，所有的学生都会根据知识传授的进度，以同样的步调学习。学习理论和实践经验告诉我们，事实并非如此。不同的学生有不同的学习需要，他们会采用不同的方式和策略进行学习。通过与学生交流，我们发现，那种"教师只需要通过转移式的教学来传授知识"的观念已经不合时宜了。首先，在这种模式中，教师只是在"传递"某种信息，只有当学生能够处理并且运用这种信息时（如学习过程中或发表意见时运用信息），信息才能被看作是知识。其次，在这样一个日益强调学生多样化需要的学习系统中，教师不能再仅仅扮演信息传递者的角色，他们必须与具有不同需要的学生进行互动，必须与不同的学生发展相互联系。正是由于学生有不同的需要，教师才应该从被动接纳学生的角色向主动适应（运用分层）学生的角色转变。从这一角度看，教师是在主动地调控知识。我们并不把教师看作"助推器"（通常这个词有被动的含义），而是把教师看作"协调者"，即一个主动、积极、具有创造性、充满活力、有责任感的角色。就像被动接受式教学和分层式教学之间存在区别一样，在"协调"与"助推"之间，同样存在着明显的差异。被动接受的教师角色把学生当成"在那里的人（being there）"，常常在政策层面作出各种决定，包括规定学生应该学习哪种类型的课程，在学校中应该在哪种群体（环境与人群）中进行学习；运用分层的教师则会把学生看作是"在那里学习的人（learning there）"，包容地看待学生的差异。

我们承认，在与教师一起工作和研究的过程中，分层的概念常常是争论的导火索，哪怕只是在一个说明性的环境中，比如，在给教师展示课程提纲或者课程计划的时候，教师们仍然希望得到"怎么教"而不是"教什么"的指导。对于这两个问题，我们在本书中都会进行探讨。运用分层的过程和在这个过程中可能使用到的工具都比较复杂，它们要求教师能够充分地关注对教学工具、教学互动和教学结果的有效性评价。评价教学和检查学习的结果是有意义的，因为这种反馈能够保证教师维持并改进他们的教学。在运用分层进行教学的整个过程中，教师能够自始至终自信地满足学生的学习需要，在尽可能短的时间内实现学生的发展。

亲密还是疏远

教与学两者之间的关系可以是亲密的，也可以是疏远的。一直以来，对于大部分学生而言，传统的、非互动的、传递式的教学常常与他们保持着疏远的关系。简单的传递式教学，并不会与学生发生联系，换句话说，学生并不能掌握这种传递过来的教学信息。也许，这种传递式教学在某些时候会与学生发生联系，甚至可能成为他们乐于接受的学习方式，但这种情况的出现可能只是一种巧合。也许，导致教与学彼此疏远的原因很多，比如，传递过来的教学信息与学生的经验和文化背景相去甚远。如果教师的教与学生的学之间不能建立联系，我们就把这种教学称为疏远的教学。

对学生而言，教师的教可以是亲密的，也可以是疏远的。比如，有的教师可以把一群我们常说的问题学生教得很好，这群学生由于不能与教师建立密切的联系，常常得不到足够的关注。教师的任务就是与学生以及学生的学习建立联系，使教师的教成为对学生有意义的教。这种教学就是我们所说的亲密的教学。在进行疏远的教学时，所有的学生都面对同样的教学，用相同的方法学习同样的知识，学生个体的特点迷失在这种看似平等的迷雾之中。从本质上说，疏远的教学建立在对待方式平等的基础之上，在实际的学习过程中，这种疏远的教学往往会导致学生学习障碍。而亲密的教学则不同，它通过与学生建立个性化的联系，帮助学生更好地认识自我，它还能够把学生和所学的课程联系起来，最终使学生与他们所处的学习系统甚至整个社会产生联系。这种亲密的教学深深扎根于学生对自我的认识之中，它与学生的习惯和爱好相适应，与他们的学习方式和学习策略相得益彰。从本质上说，亲密的学习（intimate learning）建立在学习机会均等的基础之上。我们选用"分层"作为使教与学相关联的专用语，是因为分层可以说明我们在叙述扎实的教学时使用的教学策略。从这个角度上说，分层可以作为一种提供扎实的、亲密的教学的极为有效的策略。

我们想要说明什么

为了理解分层的本质及其在不同层次呈现的方式，我们需要从教与学的定义开始讨论。为教师提供机会，使他们能够批判地探讨教与学的本质才是至关重要的。二十多年来的研究表明，在大多数人看来，学习的含义主要包括以下五个方面的内容：

（1）获得更多的知识；

（2）记忆与重现知识；

（3）学习并应用步骤；

（4）感知或理解；

（5）个体变化。

研究还表明，教师通常这样概括教学的含义：

（1）传递信息；

（2）传授知识；

（3）帮助学生理解；

（4）改变学生的观念；

（5）为学生的学习提供支持。

最近的研究揭示了这样一个现象：教师并不同意那些把他们从事的复杂工作过分简单化的定义和模式。同样，教师也反对那些认为他们只是按照固定模式工作的观点。在与教师一起工作和研究的过程中，我们发现，教师非常关注对自己所从事的教学工作的定义，他们给出的定义基本上没有偏离以上列举的五个方面。这些定义深刻地体现了教师在理论和实践工作中对教学模式的思考。每位教师的脑海里都有自己的教学模型，这个教学模型结合了指向教学目的和预期结果的个人哲学以及导致成功教学的最佳教学方式和实践的信念。教学模型通常会与教师的经验保持一致，它会受到教师教学经历和教学经验的影响，并随之不断发展。可能会有一些教师不顾学生的具体情况，常年使用同一种方法和模式进行教学，但经验告诉我们，大部分教师还是会非常关注提高专业素养和发展专业技能的。因此，他们的教学模型通常比较灵活、有效，这类教师往往能够让学生从他们的教学中受益。

在同教师进行专业讨论时，我们发现，他们总是倾向于从两个方面概括自己的教学概念，这两个方面分别是：成为教师必备的专业技能和成为一个成功教师必需的个性品质。教师们提出的模型在灵活性上有很大差异。在下面的列表中，我们呈现了部分教师提出的定义（呈现次序不分先后）：

1. 教师的专业技能

（1）组织技能——组织有序的课堂，为教学提供良好的基础。

（2）观察技能——观察也包含理解，并且会受到教师信念体系（bclief sys tems）的影响。

（3）理解学生以及与学生进行非正式交流的能力。在与有交流障碍的学生相处时，这种能力显得尤为重要。

（4）创设情境的能力，使学生的直觉得以发挥作用，使他们体验到责任感。

（5）针对不同学生的需要，对知识与资源进行个性化处理的能力。

（6）开发目标并设计以目标为基础的教学计划的能力。

（7）善于培养学生的研究能力。

（8）能够持续、妥当地安排与学生交流的日常计划。如果需要，还包括安排与其他教职员工交流的日常计划。

（9）设定一致、公平的边界（boundaries）。

（10）改善教学方式，使之能够有助于学生与周围的世界进行交流。

（11）感知学生在学习中所处状态的能力。

（12）不断调整信息，使其保持连贯性的能力。

（13）用行动思考的能力。

（14）在教学时尽可能传授与主题相关的完整信息的能力。

2. 教师的个性品质

（1）移情能力——能够理解学生的困难和需要。

（2）对教学工作的热情。

（3）对专业发展的兴趣。

（4）对最新研究成果的敏感。

（5）能够自觉地克制自己的问题行为。

（6）能够积极地调整教学计划以满足学生的个别需要。

（7）幽默感。

（8）和谐感。

（9）富有同情心。

（10）好奇心强，具有探究意识。

（11）真正喜欢与儿童和青少年相处。

上面所列的这些技能和品质是与生俱来的还是可以通过培训和职业经验的积累培养的呢？我们发现，在许多教师眼里，教师的技能和个性品质是先天的，而教学只是建立在一种直觉的基础之上。我们确实遇到过一些极具魅力的优秀教师，他们经常会被同事称为"天生的教师"。然而，也有人对此持不同的看法，他们认为教师更像是一个手工艺者，教学技能就像一种精巧的工艺，可以通过培训学会，通过实际操作得到提高。在将教学理论化的过程中，教师往往非常强调评价、反思自己工作的重要性。

我们发现，教师通常更难给学习下定义。当我们讨论学习的分层时，教师总是倾向于将讨论的焦点集中在学生的差异上，却很少关注教学的分层。在关于"教师如何看待学习理论"的非正式讨论过程中，有关教学的实用性和教学过程中出现的困难等话题会突然成为讨论的焦点，讨论的内容也会随之改变。正因为如此，我们希望用一种特殊的体例来安排本书的结构，即通过在文中呈现一个关于观点的列表，使你能够始终围绕"学习"这一主题来展开讨论和思考。

接下来，我们不加说明和修改地列出了一些由教师提供的对"学习"的定义：

（1）在大脑中对信息进行加工、处理。

（2）习得新的技能。

（3）改变人的行为。

（4）教学过程中发生的事情。

（5）可以通过数据测查的事情。

（6）运用记忆的过程。

（7）理解以前没有听说过的信息。

（8）对自己所做的事情感到满足和自豪。

（9）逐渐弄清事物的含义，直到彻底理解。

（10）认知刺激。

（11）培养理解能力。

（12）通过向课程的其他领域迁移和归纳知识，表现学生对知识的掌握程度。

（13）独立性——为了实现这一点，需要不断地重复和强化。

（14）欣赏自己取得的成绩。

（15）能够应付自己的事情，比如自己的学习。

教师无疑扮演了一个多面手的角色。不同的人对教与学有着不同的理解。当人们把自己的工作与学习系统中的教师画等号的时候，分层已经在悄然起作用了。

尽管我们可能是在采用一种极端的方式呈现一些案例，不过我们可以肯定地说，每位教师对自己工作的定义都会与其他人不同。比如，有些教师认为他们的角色和职责就是把信息传输给学生，只要学生能够融会贯通地理解这些信息，他们所传输的信息就能够称之为知识。持这种观点的教师可能会持续地为学生提供信息，比如，如何运用某项特定的技能。不过，我们认为，除非学生能够在特定的情境中运用这些技能，或者当情况发生变化时也能随机应变地处理，否则这些技能始终只能算是一种信息而非知识。只有当学生能够做到随机应变时，信息才能转化为知识。所以，那些关于如何制作陶罐、如何烹制外国美食、如何安全跳伞之类的信息，只有当学生证明他们能够理解其中的任务并灵活运用时，才能算得上是知识。当学生在将来的实际生活中遇到这些问题时，他们能够运用知识而不是依靠信息去处理它们。

另一些教师则用一种完全不同的观点看待自己的工作。这类教师首先关注的是如何发挥学生的创造力和想象力，培养他们的探究意识，为他们揭示充满新奇体验的世界，拓展他们的思路。通过鼓励他们冲破原有的条条框框、概念的束缚，提升他们的个性品质。同样是教师，他们的观念则大相径庭。

教师如何看待自己的角色？对这个问题的回答将会直接影响他们的实际教学工作。同样，他们对学习的不同看法也会有类似的效果。教师如何定义两者的界限，是对教师的心智能力提出的较高要求。这也是为什么运用分层或者改编课程会是一个如此复杂的过程——我们所有的人都从不同的起点出发，朝着不同的目标前进。

所有人都要获得进步

无论是否经过周密的计划，所有的人与人之间的关系都包含分层的要素。分层是基于原则的，一旦人们形成了对这些原则的一致意见，并形成学习系统信念的基础，就有必要开发模型，并不断地应用和改进它。如果我们承认分层的一个原则是使教学风格适应学习需要，那么学习系统就必须首先识别学习需要。通过分析来自教师和学生的数据，我们可以开发一种模型，帮助我们了解学习系统如何识别学习需要，而学习系统如何满足这些需要则是另外一回事。我们需要在学习系统中不断检验这一模型，如果该模型不能接受批评和调整，那么整个学习系统将会变得怠惰和自满，依照这个模型培养的学生也不会发掘自己的潜力。

一位著名教育家认为，学习需要可以分为共同需要（common needs）、特殊需要（exceptional needs）和个别需要（individual needs）三类。特殊需要是指那些因为一部分学生的特质而产生的需要，比如，有的学生有听力障碍，而有的学生有很强的乐感。这位教育家认为，根据这种方式划分学习需要的模型，既强调对主流教育的内在要求，又在个体策略上与主流教育有所不同。

这位教育家提出的由共同需要、特殊需要（exceptional needs）和个别需要构成的模型已经在分层教学过程中得以实施了。该模型强调，尽管教师是在为整个班级安排教学计划，但他们并不能假设这个教学计划能够保证每一位学生都能接受到高质量的教学。这是因为整个班级是由不同的小群体和独特的个体组成的集合体。

（1）共同需要——对每个人来说都是一样的。

（2）独特需要——对某些人来说是一样的。

（3）个别需要——对每个人来说都是不一样的。

每个班级的学生都可以被看作是这样一个群体：它有着共同的学习需要，也包含了一些有自己特殊需要的小群体，同时，它还是一个由每个学生的个别需要构成的群体。所有学生的共性在于，他们每个人都是运用分层的起点。如果首先将学生视为一个整体，那么为运用分层而准备的各种教具就会对每一个学生都起作用。比如，一个能够将学生看成整体的学习系统，会将学习障碍定义为多样化因素的一种，而不是这个团体的缺陷。这是一种看待学习团体的"全纳性"视角。在这个模型中，所有的学生都有某些共同的学习需要，包括被视为学习者、交流者并有归属感。但是，思考不能仅仅停留在这一层面，教师还需要关注课堂中的特殊群体和他们的学习需要。独特需要是由于一部分学生之间的共同特质形成的需要，比如性别、家庭、文化、宗教信仰或者残疾。最终，教师必须关注个别需要，正是这些个别需要使得每个学生成为独特的个体，并与其他人区别开来。

"他们都是我的学生……"

为了帮助你用上述模型来认识学习需要，你可以假设自己是某个班上唯一的一名女生。你会觉得，因为你是女生，与别人不同，你为自己是女生而感到自豪。你不希望教师忽视这一点，也不愿意教师把你和其他男生同等对待。你希望教师既把你看成是和其他人有同样学习需要的学生，又因为你的性别而注意到你的独特需要。然而，你当然不希望教师把你和学校内外的所有女生同样看待，因为这有可能会使教师产生思维定式，而不把你看成独特的个体。因此，你希望教师理解你的个别需要，通过这种持续的聚焦分析方法，你的需要将会得到理解和满足。在被看作是集体一员的同时，你也会被当成独特的个体看待。这样，你就可以开始以自己为基础的学习了。你是整个班集体的一员，你属于班级中某个特殊的群体（也可能属于不同的特殊群体），同时，你也是一个独特的个体。

如果恰巧你是一个有特殊学习障碍的个体，同样的思维方式也会适用于你的学习过程。首先，你希望被看作是和其他人有同样学习需要的人（不管他们是否和你接受同样类型的学校教育）。你希望教师能够理解你和其他有学习障碍的人有着类似的学习需要。当然，你不希望教师有这样一种假设：有特殊学习障碍的人都是一样的。然而，如果任何关于你的障碍的情况可能需要教师采用特殊的教学方法，比如，患唐氏综合征（Down Syndrome）的学生会从高水平视觉序列中受益，你会希望教师能够更多地关注这一点。显然，你希望教师能够肯定并理解那些使你与众不同的个别需要。

在教师到底应该从哪一点开始理解学习需要这一问题上，教师往往处于矛盾之中。他们究竟应该首先把每个人看成是独特的个体，还是分析整个群体的共性呢？个性特征，尤其是那些有着复杂的认知、社会和情感需要的学生，很可能使教师迷失在这些细节之中。我们建议，在运用分层的过程中，教师应当以探究学生的共同特征为起点，比如，发展学生的归属感和亲切感，使学生融入彼此尊重的交往和互动关系之中。

那些声称"他们都是我的学生"的教师，从来不会思考学生的特殊需要和个别需要，在他们眼中只有学生的共同需要。他们也会有意无意地避免卷入对教与学过程的讨论之中。许多全国性和国际性的学习系统声称，它们的目的是让教师提供能够满足每个学生个别需要的教学，事实上，其中有些显然没有做到。这些方案也存在严重的问题，它们已经变成了所谓的"他们都是我的学生"的方案。其中一些方案，比如，个别教育计划（Individual Education Plans）和个别学习程序（Individual Learning Programmes），最多只是将目标定位在一些被贴上"附属品（belonging）"标签的普通学习群体上。有时，想在这些群体中发现单独的个体几乎是不可能的。这些个别计划必须是主动的、有利于学生自我发现的、可以被学生个体所理解的计划。

分层教学目标群体的设定必须体现出个别需要的具体特点。比如，如果我们把目标群体定位在一群因为听觉频谱紊乱而产生特殊学习需要的学生身上，这就意味着我们假设他们所有人都在相似的水平和强度上受到三和音损伤的影响。最不应该出现的情况是目标群体被定位在有共同需要的全体学生身上。在英国，强调所有学生的特殊教育需要以及如何满足这些需要的法律文件被认为是一份"宣言"，其中的一些文件甚至从未超出共同需要的范畴。它们可能声称一个特殊的个体"……需要发展与教师的积极关系，划定清晰、统一的边界，学习分层的课程，建立与家庭的经常性联系"。但事实上，所有的学生都有这些需求。当个别化的过程变得如此含混而空洞时，个体本身就容易被人忽视和遗忘。这些含混的法律文件不仅没有为学生提供支持，也没有为教师提供现实的指导，它们在指导教学方面所提供的帮助甚至可以忽略不计。

教学与学习都需要转变

在本章的最后，我们希望教师能对教与学的力量以及情感动力有一个清楚的认识。我们需要澄清自己对这一问题的看法。我们相信，教与学在情绪、情感方面总是相互关联的。在学习和传授一些新东西的时候，我们自身也会处在变化的过程中。虽然学习和教学有时是有风险的、是困难的，但它们同样也会很有趣。学习带有竞争性，并且总会涉及一些自然的、基础的情感。学习也会有成功和失败，有时候不去尝试学习可能比尝试过却失败了更让我们感觉安全一些。

尽管学生和教师会表现出一些与情感有关的行为，但由于多方面的原因，这些情感因素本身，或者说这些行为的根源不会被认同和接受。当我们学习时，我们的学习方式始终处在一个变化的过程中，这是因为我们时刻都在通过学习改变自己，无论这种学习有多少，我们自身发生了变化，我们现在与以往不同了，我们对环境的认识也因此而不同了。如果我们能够把所有的变化与学习结合起来思考，将帮助我们理解发生在这一变化过程中的情感反应。我们认为，忽视这种反应产生的原因将会降低教学行为的有效性。本书在后面的章节中将会详细讨论情感分层的性质和过程。

素质教育必须尊重学生的个体特征

青少年时期是一个人的个性初步形成阶段。青少年时期个性的形成和发展，为一个人比较定型和成熟个性的形成准备了条件。这一阶段个体的生理、心理和精神状态的变化，对个性的形成和发展至关重要。因此，研究和认识青少年个性发展的一般特征，对培养学生的良好个性，矫正不良心理品质和行为习惯，是十分重要的。

青少年时期的个性发展过程是可变性与稳定性的统一。个性的稳定性是个性形成的前提，如果一个人的个性失去了稳定性，那就无法认识个性。可变性是个性发展的条件，如果只有稳定性而没有可变性，那教育就失去了作用，对个性的研究也就失去了意义。青少年个性发展的过程和特征，既为个体的形成和发展打好了基础，又为社会、家庭、学校实施素质教育提供了条件和可能性。青少年个性在发展过程中，一般具有如下几个特征。

青少年个性的心理特征

个性心理特征是个性的重要组成部分，主要表现为气质和性格等特征。

气质是一个人稳定的心理特征之一，青少年时期的气质特征趋于稳定，使个性气质差异明显，这是青少年个性心理的重要特征。在这一时期，青少年的心理特征变化加剧，并逐渐趋于相对稳定，特别是气质特征出现明显的指向性。心理学研究成果表明，在幼儿时期，个体的心理感受性、耐受性、兴奋性和敏捷性都不明显，而且差异不大。好奇、天真、活泼是儿童的天性。到了初中阶段，这些特征在不同的个体上就会出现不同的差异，而且这些差异随年龄的增加和知识的丰富而越来越大，倾向性也越来越明显。到高中阶段，这些个性心理特征就逐渐形成并相对稳定。这时候，多血质的青少年就表现出感受性较差但耐受性较高，情绪兴奋性高，外部表现明显，对外界事物反应速度快而且灵活等特征。在行为上，在文体活动和其他技能性活动中接受性好，动作灵敏、协调；在思维上，不随意的反应性强；在技能上具有较大的可塑性，胆汁质的青少年表现为不随意的反应性强，外倾向性明显，但自制能力差；在行为上会出现不守纪律的现象。这类学生上课时注意力不集中，反应速度快但不灵活，有时显得心有余而力不足。黏液质的青少年表现为感受性低而耐受性高，不随意的反应性和情绪兴奋性低。在行为上表现出做事比较稳妥，不轻易受外界影响，注意力集中，但做事缺乏激情，外部表现少而且反应速度慢。抑郁质的青少年表现为感受性高但耐受性低，情绪兴奋性高而体验深，反应速度慢，动作显得迟缓，做事刻板不灵活。这类学生自觉遵守纪律，一般不会出现越轨行为，但缺乏创新精神，行为上缺少主动性，被动性大。

青少年时期个性心理特征，一方面在气质上差异明显并趋于稳定，另一方面在性格上的差异也明显化，形成了不同的性格类型。性格作为决定个体心理反应内容本身差异性的形成，对于人的个性的形成起着十分重要的作用。性格的差异性使青少年的情感、情绪、动机也相应地出现差异。这些差异使个体在行为和举动上也形成明显的差异。据调查，在初中阶段，学生性格差异性并不十分明显，缺乏稳定性。到了高中阶段，学生的性格特征已基本上相对稳定，差异性和倾向性十分明显。在向性上有外向性和内向性两种截然不同的性格特征，不同性格类型的个体对价值观和道德会有不同的态度和行为。在学习态度、生活作风、待人接物、遵守纪律方面，会出现不同的态度和行为。教育者了解学生性格特征的差异性，就可以在某种程度上预见不同性格的学生将要去怎样行动，可以更好地有针对性地去施加教育影响。

性格特征的形成是一个由可变到相对稳定的发展过程，为教育者提供了教育空间。据对部分小学、初中、高中学生的性格形成的对比来看，个体性格的形成和发展有三个重要形成期。一是小学阶段，这是性格的个别特征出现期。在这一阶段，学生出现明显的个体性格特征的只占47.2%，而活泼好动这个共性特征非常明显。这时学生的个性心理特征不明显，性格可变性大，但个性的性格特征已经出现。初中阶段是个体性格形成的关键时期，由于这时学生心理逐步成熟，个体的性格特征差异性增大，某些共有的性格特征逐步减少。据统计，个性特征明显的占76%。但这时候的个性心理特征还不够稳定，仍有一定的可变性，但变化难度较大。到高中阶段，学生的性格特征已基本形成，性格特征明显，原来幼儿时的共性只在少数人身上存在而成为个性。

由此可见，青少年时期心理特征的形成是个性形成和发展的一个重要特征。这一特征的形成是一个渐进的变化过程。这一过程变化的艰巨性给教育者对青少年的思想教育带来了一定的困难，同时这一特征的变化又为培养良好个性提供了条件。

青少年个性的行为特征

个性的心理特征和个性的行为特征是相互联系不可分割的，青少年个性的行为特征是受其个性心理特征制约的。随着个性心理特征的逐步形成，青少年在行为和举动上也相应地表现出个性的行为特征。个性的心理特征是内容，个性行为特征是外在形式。一方面个性的心理特征制约着个性的行为特征，另一方面个性的心理特征作为内在的个性内容又必须通过个性的行为和举动表现出来。从实验的过程和结果来看，个性的行为特征主要表现在如下几方面：

1. 对社会、集体和他人的态度和行为特征

在对待社会、集体和他人关系的态度上，青少年都具有热爱祖国、热爱集体、乐于参加集体活动的集体荣誉感。但由于个性的差异，在对待集体和他人的态度和行为上又千差万别。如对待集体的态度，有的表现为乐于为集体争荣誉而主动参加集体活动，有的却表现为做好本职工作。如对待他人的态度，有的表现为对人有礼貌，尊重他人。同样是热爱集体和关心他人，由于个性差异也会出现不同的行为。当然，由于个性差异，学生在对待社会、集体和他人态度和行为上的差异是很大的，也有对集体不够关心，事不关己，高高挂起，不愿参加集体活动，孤独，自私等，大有人在。

2. 对劳动的态度和行为特征

现代中学生的劳动观念随社会主义市场经济体制的建立和发展而发生了很大变化。一方面，市场经济使学生认识到劳动是财富之源，认识到劳动的重要性；另一方面，金钱的副作用又使一少部分人不愿去参加劳动，认为有了钱就不必再去劳动。中学生对待劳动的态度和行为也有很大的个性差异，有的虽不怕吃苦，但不能持久，有的不怕累却怕脏，有的则是应付性地完成任务，缺乏主动性和创造性，还有的学生虽完成了任务，但十分勉强。在对待劳动成果上，有的珍惜，有的则随意浪费。在办事作风上，有的谨慎，有的果断，有的马马虎虎，有的细致周到。

3. 对自己的态度和行为特征

青少年对待自己的态度和行为特征，主要表现在对自身价值的评价和努力实现的程度上。在青少年时期，学生一般比较相信自己，充满自信，非常看重自己的价值和人际关系。多数学生在行为上表现为充满信心，敢想敢干。这一时期由于青少年个性特征不够稳定，对待自己一般缺乏全面的观点，只看到长处而忽视短处。一旦遇到挫折，有人则又表现出自卑，也有的学生对自己缺乏自信而放弃努力，这表现在学习上缺乏进取精神，对自己要求不严。特别是学习成绩一般的学生，往往会因为成绩不好，觉得对不起老师和家长，害怕同学瞧不起自己而产生羞怯心理。在行为上表现为怕考试，怕老师提问，甚至不敢向老师问自己不懂的问题。

过分自信，往往表现为盲目乐观、狂妄自大，瞧不起同学，看不起老师，甚至对老师评头论足。自卑的学生又表现为怕苦畏难，学习不刻苦，不积极努力，不求上进。还有的学生总认为自己是正确的，要求别人应当满足自己，表现为自私自利，听不进别人的意见，固执、偏见，爱坚持自己的意见，不服输。对待自己的态度和行为上的差异，在很大程度上表现出一个人的品德和心理特征，成为考查一个学生品德和心理的重要方面。要全面提高学生的素质，学校领导和教师应当重视学生对待自我的态度，及时加强教育和引导。

青少年个性的学习特征

青少年的个性特征大多数是通过学习活动表现出来的。学生的主要活动是学习，在学习活动中，学生逐步形成了自己的个性，同时青少年的个性又往往通过学习活动表现出来。研究和分析青少年在学习活动中的心理和行为特征，对教育教学是十分重要的。

在学习兴趣特征上，在中学阶段，个体的学习兴趣倾向性明显并呈现出多样化特征。在小学阶段，由于心理不成熟和所设课程较少，小学生的学习兴趣不广泛，兴趣偏重于有情节的故事类读物，对自然科学读物兴趣不浓，学习兴趣不稳定，可变性大。到了中学阶段，随着年龄的增长和知识的增加。特别是对未来职业的追求，使中学生的学习兴趣开始明显分化，呈现出多样性和稳定性，学习兴趣相对广泛并逐步稳定。1998年9月，我们在中学课程结构实验中，曾对部分中学生选修课的选报情况做过统计。在初中阶段，学生选报较多的科目是音乐、美术、体育和电脑。在高中阶段，学生选报较多的课目是科技、环保、天文、文学、社会政治。从统计结果看，不同年龄阶段学生的学习兴趣有一定差异。同一年龄层次学生的学习兴趣有其共同性，但由于个性差异又呈现出学习兴趣差异性。如有一对双胞胎姐妹，体形极为相似，智力水平相差不大，学习兴趣却有明显差异。老大喜欢文科，偏重于文学，老二则喜欢艺术，并偏重于音乐，一个文静稳重，一个活泼开朗。学习兴趣的差异性体现了青少年的个性化。

学习态度上的特征。青少年在学习态度上的行为特征，是青少年个性化的重要表现。据调查，中学生在学习态度上的心理特征主要有三类：第一类是自觉型。学习主动性强，不怕困难和挫折，学习自制力强，自主学习的习惯好，受外界干扰小，能善于发现问题，主动去探索，有创造性。这类学生由于学习兴趣等差异，他们对待不同学科的态度又受学习兴趣的制约而出现程度上的差异性，学习过程和学习结果也会有差异。第二类是被动型。这类学生能在教师指导和要求下认真学习，学习目的较明确，能按时完成学习任务，但缺乏主动性和创造性，往往是教师叫学什么就学什么，叫学多少就学多少，不能合理地安排学习内容，受老师的制约，自主学习能力差。这类学生的学习成绩一般较好，但不突出，特别是缺乏创造精神。第三类是放任型。这类学生一般表现为兴趣广泛，对自己要求不严，不能处理好课内课外关系，缺乏自控力，有少数学生也想学习，但由于兴趣广泛又不能自控而放松了学习。有的学生不愿学习，厌恶学习，高兴时学习一会儿，不高兴就不学习。这类学生一般学习目的不明确，怕苦畏难，作业马虎，有的怕老师批评干脆抄袭作业，考试时作弊，甚至逃学。这类学生在性格上固执，听不进别人的意见，我行我素。放任型学生的学习态度虽有相同之处，但由于个性差异，他们的学习方法和学习过程及学习结果相差很大。有的人学习虽然马虎，但由于学习方法较好，也会取得较好的成绩；有的由于天资聪明，尽管学习不刻苦，但成绩并不太差；有的对某一门功课有学习兴趣，学习成绩优异。

有关部门对部分国家级示范高中、省重点中学、一般普通高中三类学校 100多个班的近 5000 名高一新生的学习态度和行为进行了调查分析，在学习态度上有 30 多种不同看法，在学习行为上也有 20 多种不同的表现。如"学习中遇到困难怎么办？"认为应自己想办法克服的占 58%，请老师帮助克服的占 27%，没有办法克服的占 15%。在对完成高中阶段的学业是否有信心的调查时，认为有信心的占 72%，信心不足的占 16%，自己还不知道是否有信心的占 12%。这些现象表明，青少年在学习态度学习行为上存在很大的差异，学校和教师应当坚持因材施教原则，做好教育教学工作，不能忽视差异去"一刀切"。

当前，有些学生家长忽视自己孩子的个性，一味地追求上重点中学、重点大学。希望自己的孩子有一个好的学习条件的动机是好的，但不顾孩子的特长和兴趣是不科学的。这样会使孩子的许多兴趣和天赋被扼杀，本应在某一方面成长，结果没有成长。同样，学校在教育教学中，用考试成绩来统一要求不同个性的学生，试图都获得同一个良好的教学效果，也是不切实际的。

青少年个性的品德特征

在诸多心理学和教育学著作中，很少论及个性品德，这也许是受西方心理学影响。实际上，心理品德特征是个性特征的重要组成部分，大量的研究成果表明，品德特征在心理特征中占有十分重要的地位。要全面实施素质教育，就必须重视学生的心理品德。青少年的品德特征主要表现在理想、信念、情感、意志等方面，这些个性品德特征属于心理特征的动力系统，对于青少年的成长是至关重要的。

理想是对符合事物发展规律的奋斗目标的追求与向往。一个人的理想与个人生活条件密切联系，在本质上是由社会历史条件决定的。但个人对生活理想、职业理想的追求又是和个性心理特征分不开的，受到个人品德特征的制约。每个人的理想都有鲜明的时代性特征，但对实现理想的途径、手段和努力程度又存在很大差别，对具体的生活理想、职业理想的选择和追求的方式和程度都存在个性差异，受到个性心理特征的制约。

青少年正是长身体、长知识，树立科学世界观、人生观的关键时期，由于心理品德和知识水平的不同，对理想的追求的水平和方式都有很大差异。

在理想水平上，青少年由于社会阅历不多，对理想的认识往往是直观的、肤浅的，在行为上受理想支配程度小。在初中阶段，只有 31% 的学生对理想有明确的认识。大多数同学表示对未来没有去考虑，应由家长去安排。特别是成绩一般的学生，认为自己学习成绩不好就不能实现理想，失去了对理想的追求。到了高中以后，学生对理想的认识开始深刻，对生活理想和职业理想的追求比较自觉，道德和社会理想比较明确。对社会理想的追求比生活理想看得更重要，注重精神追求。但由于世界观、人生观的差异，使中学生对理想的态度也有很大的差异，主要表现在对生活的态度，对职业理想的确立和追求呈现多样性等方面。从高中毕业生的报考志愿看，一个班级中的50多个同学所选报专业多达20多种，表明对理想选择的个性差异性。

对理想认识水平的差异必然引起对理想追求态度的差异，对理想追求的态度是受认识程度制约的。对理想认识肤浅，对理想的追求就会缺乏动力。对理想有较深刻的认识，对理想的追求就会自觉、坚定，遇到困难不气馁，执著地追求。有的有着强烈的愿望和追求，有的愿望强烈却不能持久，遇到困难就灰心丧气，有的愿望不强烈，缺乏自觉性，容易受到外界干扰。有少数学生还把吃喝享乐当作人生理想，这种不良心理容易导致青少年走上邪路。

个性的品德特征除了在理想、信念方面有非常明显的表现，在情感、意志等方面也有明显的表现。情感和意志特征是个性品德特征的重要方面，个体的认识和行为过程和情感联系是十分紧密的。据调查，情感具有明显差异的个体，对认识对象的选择和对认识目标的追求呈现出不同的特点。心理学家认为，个性情感反应特征的差异和情感的转折在于激素和生理过程变化的差异。从一般特征上看，在小学阶段，易受刺激类型学生的百分比随年龄增大而降低，而平衡性却随年龄增大而升高。这表明，情感的波动性是随年龄的增大而变小，稳定性随年龄增大而变大。从性别上看，这种变化女生要比男生早，而情感趋于稳定男生又比女生早。从个体上看，由于生理原因又会出现很大差异。兴奋向忧郁过渡、忧郁向兴奋过渡的程度和时间，都呈现出差异。

青少年时期的品德特征还出现两极化倾向。一方面青少年在心理上能接受正面教育，能接纳品德高尚的道德楷模；另一方面又由于其不稳定性容易受到不良影响而形成不良品德，甚至走上违法犯罪道路。个性品德特征的两极化倾向，使他们在对事物的接受和排斥上出现两个极端态度。学校和教师在教育教学中必须重视思想品德的两极化，抓好差生转化工作，及时矫正学生的不良品德。

个性对素质发展的影响

青少年的个性化和个体素质的发展是相辅相成、密不可分的。一方面青少年个性化是伴随着个体素质的形成和发展而逐步形成和发展，同时，青少年的个性化对个体素质的发展产生一定的影响。个性是由一些稳定而持久的心理倾向性和心理特征所组成的，个性心理结构是一个复杂的多层次、多水平的统一系统。青少年个性化过程中的心理倾向性、个性心理特征和自我意识，对个体素质的发展起着关键的作用。在素质教育过程中，必须充分重视个性化对个体素质发展的影响，加强对青少年的心理和品德教育，为提高学生素质创造良好的条件。

个性倾向性对个体素质发展的影响

个性倾向性是人在一定的社会历史条件下形成的个体意识倾向，它表现了人的认识和对活动对象的选择性和倾向性。个性倾向性包括需要、动机、兴趣、理想、世界观和价值观等。这些内部系统使人以不同的态度和不同程度的积极性来组织自己的行动，有目的、有选择地对待客观事物，从而对社会、集体、他人和自己作出不同的反应。这些需要和动机一方面由个性心理特征支配着而表现出不同的态度和选择；另一方面，这些需要、动机、兴趣和信念等又制约着个性心理特征，使个体素质的发展过程出现差异。

1. 需要和动机对个体素质发展的影响

需要是个体自身或外部生活条件的要求在头脑中的反映。人为了生存和发展，必须有各种各样的需求，这些需求反映在人的头脑中，就是人的需要。心理学认为，需要是动机的一种刺激，有需要就会有动机，有动机才会有行动。从本质上看，需要和动机是个体素质发展的动力。需要和动机直接影响着个体素质发展的方向和发展的程度。

首先，需要和动机对个体素质发展有唤起行动和强化行动的功能。社会生活表明，动机是行动的起因和动力。比如，你打开一本书，是想知道书的内容；你进商店是想购买商品；你参加一项活动，是想经受锻炼和增长知识。这些行为动机的诱因就是需要。个性的形成和发展过程中，由于个体生理和社会历史条件等原因，个体的需要和动机会出现差异。需要和动机的差异，就会引起个体素质发展的方向和发展程度产生差异。对某一事物有迫切需要和动机，个体就会强烈地加以追求和利用，就会有引发行动的功能。反之，没有需要和动机，就无法引起行动和追求。

其次，需要和动机对行动具有指向性作用。动机一旦发挥作用，个体的行为就会有一定的指向性，个体的行动就会向满足其自身需要的方向去努力，使个体活动具有明确的方向性。要培养个体的某一方向的素质，必须使个体对某一方向具有需要的追求和动机。根据实验得知，在同一个班级中学习成绩突出的学生，总希望在下一次考试中能超过自己追赶的目标。这种需要和动机就会强化为明显的指向性，成为个体学习的内在动力，伴随着他们去更好地学习。

2. 兴趣和爱好对个体素质发展的影响

兴趣是一个人乐于积极接触和认识某种事物的一种心理倾向，进一步发展成为乐于从事某种实际行动的倾向性，就成了个体的爱好。兴趣和爱好对个体素质发展起着十分重要的作用。

首先，兴趣和爱好能激发青少年的求知欲。兴趣是一种具有浓厚情感色彩的指向性活动，它可以使人集中精力去获得知识，并创造性地完成某项任务。丁肇中教授曾经说过："任何科学研究，最重要的是看对于自己从事的工作有没有兴趣……比如搞物理实验，因为我有兴趣，我可以两天两夜、甚至三天三夜待在实验室里，守在仪器旁，我急切地希望发现我所要探索的东西。"人们总是乐于干有兴趣的事，而不希望从事没有兴趣的工作。兴趣和爱好对激发学生的求知欲，丰富知识，扩大视野，是十分重要的。

其次，兴趣和爱好可以提高学习效果，起到强化学习效果的作用。兴趣和爱好使个体对发生兴趣的事物有一种探求欲望而主动去探索，激发学习的主动性和创造性。据调查，同一个体由于学习兴趣不同，不同学科学习成绩相差很大。美国一位心理实验工作者曾就学习兴趣与学习结果的关系做过实验。他把学生分成智能组和兴趣组，智能组的平均智商为120，但对学习语文不感兴趣。兴趣组平均智商为107，但对语文和写作很感兴趣。经过一学期后，兴趣组语文考试成绩远远高于智能组。

兴趣和爱好是学习的内在动力，有利于提高学习效果，对个体素质的发展起着十分重要的制约作用。在素质教育中，要培养学生的创造精神和实践能力，应当充分利用兴趣和爱好，去调动学生的学习积极性和创新精神。

3. 理想、信念对素质发展的影响

理想、信念是个人学习、工作、生活中不可缺少的巨大鼓舞力量，是人们不断前进的精神支柱。有了科学的理想和信念，人们才会主动地投入自己追求的事业中去，为追求和向往的目标而努力，奋斗，甚至不惜牺牲自己的一切。理想和信念是人生前进的推进器，对于青少年来讲，是个性发展的精神动力。有了坚定的信念和科学的理想，就有了精神追求和前进的动力。没有理想就会见异思迁、朝三暮四，没有明确的方向，行动就没有动力。

个性的差异使个体的需要、动机、兴趣、爱好、理想、信念各不相同。高尚的需要和兴趣，能使人追求知识，更好地发展素质。而低级的兴趣和不正当的爱好，会使人去追求个人享受甚至走向堕落。在素质教育中，应当重视培养学生良好的个性倾向性，不断矫正不良的心理品德和行为习惯，全面地提高学生的素质。

个性心理特征对个体素质发展的影响

个性心理特征是个性心理的组成部分，与个性倾向性共同组成了个性心理。个性倾向性在个体素质发展过程中，使个体素质的发展具有明确的指向性，是个体素质发展的内在动力。但个性倾向性对素质发展的影响并不是孤立存在的，个性倾向性只有依赖于个性心理特征才能表现出来。人的动机、兴趣、理想等个性倾向是通过人的性格、气质、能力等表现出来的。个性心理特征在个体素质发展中起着十分重要的作用。要全面提高学生素质，发展学生的潜能，应当充分利用个性心理特征对素质发展的影响，积极培养良好个性，矫正不良心理。

1. 不同性格类型对素质发展产生不同影响

性格是个性心理特征的重要内容，性格差异对素质发展会产生不同的影响。理智型性格在心理上表现为好奇，探索性强，容易接受新事物，行为谨慎、沉稳，善于思考。这一心理特征对青少年学习知识和培养创新精神是十分有利的，有利于促进科学文化素质的发展。同时，理智型性格的人对事物有独特的见解，喜欢探索和怀疑，也容易导致青少年思维的极端化，容易轻易地排斥正确的观点和道理，这一点又是不利因素。

情绪型性格在心理上表现为热情高、爱激动，在行为上表现为爱争论、易兴奋。这一特征对青少年追求知识，弄清道理，是十分有益的。但这一性格的人容易遇事急躁，出现极端性，做事缺乏持久性。同时，这类同学在人际交往中容易发生冲突，影响师生关系和同学关系，对素质发展产生不利影响。

2. 不同的气质特征对素质发展的影响

气质是每个人都具有的最基本的心理特征，但气质只是给个性行为涂上某种色彩，它不能决定一个人的行为方向。一个人做什么，如何去做，是由个性倾向和社会价值观决定的。从本质上看，气质的特征只能影响智力活动的方式，不能预先决定人的成就和智力发展的高低。但气质在个体素质的发展过程中能影响人的活动方式，而活动方式又会影响行为和活动的效果。因此，在素质教育中应利用气质特征中积极的一面，克服其不利的一面，努力培养学生的良好个性和提高学生素质。

首先，不同类型的气质对个性的形成和发展起着十分重要的作用，影响着个体行为活动方式。如多血质类型的人有朝气、灵活，容易和人相处，但缺乏持久性和一贯性。胆汁质类型的人动作迅速、热情开朗，但容易感情用事，较任性，有时听不进不同意见。黏液质类型的人较稳重、踏实、自制力强，但生气不足，缺乏创造性。抑郁质类型的人敏锐、细致，容易接受新知识，爱思考，但缺乏热情，办事主动性不够。这些不同类型的气质，对个体素质的发展会产生不同的影响。应当根据气质的特点，利用积极因素，因势利导，发展素质，同时也要克服气质特征中的不利因素，塑造良好的个性。

其次，不同气质类型对学习效果有不同的影响，气质不同，学习方式不同，其学习效果也不同。灵敏的学生在学习中能发挥机智多变的特点，学习方式灵活，在学习中兴趣广泛，能获得丰富的知识，但会出现粗心大意的缺点。思维灵敏、善于进取的学生，在学习方式上能应付多变的学习环境，总体学习效果较好，但容易出现简单化倾向，学习不够深刻，学习成绩不稳定。学习踏实、意志顽强、认真的学生，往往学习方法不灵活，缺乏创造性。学习有持久性的学生，往往学习效率不高。教育教学中应利用气质类型的优点，鼓励学生利用其长处去补其短处，取得好的学习效果。

再次，气质对个体的身心健康有一定的影响。气质直接影响人的脾气、态度和心理过程，这已越来越为人们所认识。人的脾气禀性对人的身心健康产生直接的影响，气质类型不同会使人在心理过程中出现不同的心理特征。如脾气暴躁的人容易患心脏病，而抑郁的人则会导致精神障碍。但气质又具有可塑性，青少年的气质可变性很大，要利用气质的可变性去培养良好个性心理，促进青少年健康成长。

自我意识对素质发展的影响

自我意识是一个由许多因素构成的体系，主要包括自我认识、自我体现、自我控制等。自我意识作为个性心理的主要特征，对个体素质的发展方向、发展速度都会产生很大的影响。

1. 自我意识制约个体素质发展的过程

人的个性是在自我意识的参与和作用下形成和发展的，个体对事物的认识和态度，制约着人们对事物的利用方式和利用程度。个体在不同的情况下会有不同的自我认识，不同的自我意识又支配着人们采用不同心态和方式，使行为反应具有一贯性。自我认识不同，行为方式和结果也会有差异。如果自我意识符合事物发展规律，这种自我意识就会促进个体素质的发展，反之，自我意识歪曲和障碍，就会导致人格异常和人格障碍。如自以为是，自高自大，就会目空一切，就会阻碍人的进步。

2. 自我意识影响个体素质发展方向

个体素质发展方向在很大程度上是由个体的兴趣爱好来决定的，但也受自我意识制约。当个体意识到应朝什么方向发展，以及怎样才能实现发展要求时，就会调动自己的潜力去实现这一要求。如果个体没有意识到某一行动的重要性，就会失去对某事物的追求和努力。据实验调查，凡是对学习重要性认识明确的学生，学习主动性、积极性高，具有较强的创新精神。自我意识歪曲的学生，个体素质的发展就会偏离正确方向。

个性成为素质教育的出发点

全面实施素质教育，就是全面贯彻党的教育方针，以提高国民素质为根本宗旨，以培养学生创新精神和实践能力为重点，造就有理想、有道德、有文化、有纪律的德智体美等全面发展的社会主义接班人。素质教育的本质是全面提高学生素质，但由于青少年的个性化，使青少年在素质的形成和发展过程中出现差异。要全面提高学生的道德、科学文化、身体和心理素质，就必须从学生的实际出发，尊重学生个性，利用学生个性去因材施教，不能搞"一刀切"，不能用应试教育模式去要求学生。

素质教育是社会主义现代化建设的客观要求。社会主义现代化建设是一个包括经济、政治、思想文化的全面建设。现代化建设需要各种各样的建设人才，既需要科学家，也需要政治家、文学家、艺术家和各种各样的专业人才。这就客观上要求在素质教育中以个性为重要出发点，利用学生的兴趣和特长去培养各种各样学有所长的人才。应试教育不尊重学生个性，试图用统一的教学模式、统一的教学目标去要求不同个性的学生，显然是行不通的。

科技的发展对人才素质提出了更高的要求，而目前在中国教育中，教育观念、教学模式和课程结构受应试教育影响还很大，并没有完全走出应试教育的误区。在教育观念上，仍存在学习成绩好的学生才是人才的旧观念。在课程结构上，只重视考试课目，忽视选修课和活动课程的开发。在教学组织形式上，仍沿用传统的班级授课制，用单一的教学形式和教学方法去组织教学。在教学评估机制上，仍主要以学习成绩论好差。这些现象束缚了学生个性的发展，也影响了素质教育的实施和人才的培养。素质教育应当坚持因材施教的原则，为科技发展和现代化建设培养更多的创新人才。

发展个性体现了以学习者为中心，以学生为主，让学生生动、活泼、主动发展的观念。在素质教育中，个性不仅是教育的手段，也是教育的目的。由于青少年之间不可避免地客观地存在着个性差异，教育教学必须承认这种差异，适应这种差异，使学生的个性得到充分发展。特别是在教学过程中，要积极发掘这种差异的潜在资源，逐步形成个性化教育模式。

第三章

素质教育的解决策略

班级授课制的老形式新内容

班级授课制的形成

教学组织形式是教学过程中极为重要的组织形式。根据教师以什么形式把学生组织起来，并通过什么形式与之发生联系，可以把教学形式分为班级教学、小组教学、个别教学、群众性教学。在不同的教学组织形式中，教师起着不同的作用，学生也会收到不同的教学效果。在学校发展史上，有过各种不同的教学制度，它们各自侧重于不同的教学组织形式。如中世纪的个别教学、小组教学、英国的导生制和互教互学制、按学生能力分组教学的曼盖姆制、二十世纪二十年代苏联的分组实验教学制，沿用至今已有300多年的班级授课制等。作为教学组织形式，这些模式在教学中都起到了一些积极的作用，其中最普遍采用、影响最大的是班级授课制。

1. 班级授课制的确立

教学组织形式是随教学的发展而不断变化的，由于社会经济状况和社会各阶级对人才需求的不同和科技水平的不同，教学组织形式也有所不同。古代各国学校普遍采取个别教学的组织形式。我国过去的私塾、书院就属于个别教学形式。个别教学组织形式，它的规模小、进度慢、效率低，是与生产力低下、科技水平不高相适应的。中世纪末新兴资本主义与工商业的发展，要求普及教育，扩大教学规模，提高教学效率和质量，从而批判和否定了分散的小农经济和封闭状态下长期形成的个别教学组织形式，逐渐确立了班级授课制。据文献记载，班级授课制的确立和发展大约经过了三个阶段。

第一阶段，在十六、十七世纪，首先是欧洲一些学校在教学实践中尝试班级授课制，以夸美纽斯为代表的教育家从理论上加以总结和论证，使它基本确立下来。

第二阶段，以赫尔巴特为代表，提出教学过程形式阶段的理论，明确提出了班级授课制的过程设计和安排，班级授课制有了很大的改善。到十九世纪，西方国家的学校普遍采用班级授课制。在中国，1862年创立的北京京师同文馆最早采用班级授课制。自1901年清政府宣布"废科举，兴学堂"后，班级授课制逐步在全国推广。

第三阶段，以前苏联教学论为代表，提出课的类型和结构的概念。凯洛夫在《教育学》（1953年版）中对班级授课制进行了多方面的论述，使班级授课制这个教学组织形式形成一个体系。

2. 班级授课制的基本特征

凯洛夫认为班级授课制有两个本质特征，一是组织有共性的集体，二是采取集体授课形式。班级授课制是基于学生共性集体上课的制度，学生共性是集体上课的基础。班级上课制和个别教学组织形式相比，具有以下三个特点。

（1）把学生按照年龄和知识水平分别编成固定的班级，教师用同一教学内容对整个班集体用同一方法教学。夸美纽斯形容这种教学时说，教师的嘴就是一个源泉，学生的学习如同一个水槽，知识的溪流，由教师嘴里流向学生头脑里。古代的个别教学组织形式，如我国古代的私塾虽然也有一群学生，但学生年龄和程度相差很大，他们与教师是个别联系，学生学习内容也不相同。

（2）把教学活动按学科和学年分成许多小的部分，按课表分课教学。课是教学过程的一个有时间限制的完整的部分，在这个部分的进程中完成一定的教育、教学任务。个别教学不存在共同的学科和课，不同学生的教学内容和学习活动是彼此不同的。

（3）把一定的教学内容规定在统一单位时间的课里进行，采用同一的教学方法和手段去组织教学，各科教学轮流交替或多科并进。个别教学时间不固定，不是多科轮流交替而是以单科独进为主。

班级授课制对个性发展的影响

班级授课制作为近代文明的产物，在不断发展过程中，也经历了冲击和批判。特别是近 100 年来，班级授课制受到了更多的怀疑和抨击。班级授课制一方面仍在全世界范围内被普遍采用，一方面又受到怀疑和批判。这充分表明，班级授课制作为教学的基本组织形式有合理性，也有改革的必要性。班级授课产生和发展 300 多年来，特别是受到批评和改革的 100 多年来的理论和实践，已充分明确地显示出优越性和局限性。班级授课制对个性化的影响也更加突出。

1. 关于对班级授课制的评价

德国著名哲学家、教育家博尔诺在《实存哲学与教育学》中认为教育有 3 种模式，即机械论的、有机论的、非连续论的（"存在论"）。从博尔诺的 3 种教育模式论看，班级授课条件下，学生是加工对象、材料，教师是加工者、工人，学校是加工厂。教育过程相当于工人按既定的同一目标、标准和要求，在同一空间和时间，用同一工序，把大量同一质地材料连续加工成同一种产品的过程。实践证明，近代工业模式大大提高了产品质量和生产效率。近现代教育采用近代工业模式，大力促进教育普及，能充分利用教育资源和现代化教学手段去提高教学质量和效率，但作为加工的材料，并不是同一质地的材料，是有其个性的人。机械论的教育模式显然不是唯一的、十全十美的教育模式。

美国著名社会学家、未来学家托夫勒在《第三次浪潮》中认为，人类已经历了两次巨大的变革浪潮，现正在开始建设新的文明。三次浪潮，三种文明，都有自己的内在法则。经历每一次浪潮的人，都本能地利用和维护浪潮的文明和原则。班级授课制是第二次浪潮的产物，作为近代工业文明产物，它运用和维护的是划一化、专业化、集中化、同步化的原则。现在我们要迎接 21 世纪新的文明。这个文明是开放的、终身的学习机会，每个人在任何时候、任何地方都可以根据自己的要求、兴趣、能力、进度找到学习的机会。这种根据学习者个性去选择学习机会的第三次浪潮，无疑对班级授课制是一种冲击和挑战。

2. 班级授课制对素质教育的促进作用

素质教育的本质是全面发展，以提高国民素质为根本目标，以培养学生的创新精神和实践能力，造就有理想、有道德、有文化、有纪律的德智体美等全面发展的社会主义事业的接班人和建设者。社会主义现代化建设者不仅要有丰富的科学文化知识，还应当有高尚的道德品德品质，强健的体魄，良好的心态和健康的审美观点。这些素质是不可分割的有机统一整体，这些素质的形成和发展，离不开统一的教育目标和统一的教学过程，班级授课制在素质教育中对个性的发展起着十分重要的促进作用。

（1）有利于学生素质的全面发展。

班级授课制是基于共性的集体授课，授课的对象是年龄、知识水平、接受能力基本相同的群体。班级授课制是划一教学，为实现划一教学，事先规定了教学目标、课程、方法、评价标准等。在同一集体中，采用统一教学目标和要求，有利于学生德智体美等全面发展。特别是对学习有严重偏科又缺乏学习主动性的学生，是一个很好的约束。

（2）有利于调动学生的学习兴趣和积极性。

恩格斯认为，"个人只有在集体中，才能获得全面发展其才能的手段。"班级学习是共同学习、许多不同性别、不同个体、不同生活经验的成员聚集在一起，确立同一个追求，能形成一个竞争的环境，高效率的教学就有可能带来高成效的学习效果，使绝大多数学生达到基本相同的教学目标。在班级中，学习正常的同学从班级集体中得到肯定的评价，强化了学习意识。学习优异者产生了荣耀和满足，激发他们更好地去学习。个别学习有困难的学生，由于在集体学习中得到了鼓励和帮助，也会有所进步。

（3）对学生道德素质的发展起到了重要的保证作用。

提高青少年思想政治和道德素质是素质教育的根本。江泽民同志指出："要说素质，思想政治素质是最重要的素质，不断地增强学生和群众的爱国主义、集体主义和社会主义思想，是素质教育的灵魂。"班级授课制按照班级管理目标去筹划班级活动，依据班级教育教学目标去协调学生个体和群体活动，给予学生群体及其活动以正确的导向，使学生个体与群体健康、和谐、生动、活泼地发展。有利于帮助学生在班级集体中用统一的德育目标去培养良好品德，及时矫正不良道德行为。

（4）有利于培养良好心态。

班级授课制最本质的特点是组织含有更多共同性的群体和基于这些共性的集体教学。由于同一个班级中的学生在生理、心理和认知上有许多的共同性，他们在一起学习、生活，容易平等相处和交流。他们能在集体中相互帮助而成为好朋友，这对于培养良好的学习和生活的心态十分有利。据调查，在认知水平基本相同的集体里，人们有一种愉悦感，更能激发兴趣和爱好。而在认知水平差异较大的集体里，认知水平较低的人容易出现压抑感，很难产生新的需要和动机。而认知水平较高的人又会出现失落感，很难产生新的兴趣和爱好。

（5）有利于提高教学质量和教学效率，更好地提高学生的科学文化素质。

班级授课制实行教学分科化和教师专门化，教学内容及课程学科化，能保证教学内容及活动有计划的安排，保证学生的学习活动循序渐进，并使学生获得系统的科学文化知识。教师的专门化，有利于充分利用教学资源，保证教师在教学中的主导作用得到充分发挥，又促使教师去更好地学习专业知识，最大限度地发挥潜能，保证学生获得系统的知识、技能和技巧，最大限度地去提高学习效率。

实践证明，班级授课制在青少年素质发展中的作用是巨大的，今后还会在很大程度上发挥积极作用。

3. 班级授课制是基本教学组织形式，但不是唯一形式

班级授课制的产生无疑是历史进步，但它是与工业文明相适应的工艺论教学模式。随着科技的进步和教育的发展，班级授课制对素质教育发展的局限性越来越明显。特别是教育开放化、活动化趋势越来越突出后，班级授课制对个性化的约束也就更加突出。中央教科所崔相录教授指出，班级授课制的局限性主要表现在以下三个方面：

（1）不适应现代教育尊重个性、发展个性的趋势。班级教学是基于共性的教学，它所营造的班级或学年集体，虽然是在相等年龄及文化水平的基础上建立起来的，但在这个集体中，好、中、差学生之间，每个学生之间的差别仍然使教师感到"头痛"。因而，进一步提高教学质量的出路，就在于大力

推进"基于差异的教学",即"个性化教学"。

（2）不适应现代化教育以学习者为中心的趋势。在班级教学中，可以适当开展小组学习、个别学习。但在本质上它是以教育者为中心，不可能或不容易满足个人根据自己的目标，按照自己的能力、进度、时间表，在自己合适的地方，用自己的方法、手段进行学习的要求。因而，进一步充分发展个人的兴趣、爱好、潜力的路子，就在于从以教育者为中心转向以学习者为中心，从偏重教师的教转向偏重学生的学。

（3）不适应现代化教育开放的趋势。在班级教学中，必然注重学校教育、课堂教学、教材学习。这又必然在不同程度上导致教学的封闭状态，导致教学脱离劳动、生产、社会实践、生活实践，脱离各种各样的社会成员和错综复杂的人际关系。这显然不利于学生准确、深入、全面地掌握各学科知识。尤其不利于学生提高自己观察问题、分析问题和解决问题的能力，以及劳动能力、生存能力、创造能力等。

教学组织形式是与经济发展状况相适应的。班级授课制作为近代工业文明的产物，随着科技的进一步发展，其局限性越来越明显，特别是对于个性发展的约束更加突出。

近几十年来，资本主义国家在对学制、课程、教学方法等方面进行改革的同时，对教学组织形式也进行了改革。美国极力强调天才教育，日本也大力推行"英才教育"。它们重视选拔和培养高才生，强调适应个别差异，注意加强个别教学，在教学组织形式上进行了很多改革试验。如实行按智力、能力分班分组进行教学，将固定的班级改为有弹性的学级编制，实行跳级制，中学设选修课等，重视学生的自学和独立研究能力。近些年来，现代化教学手段的发展，也相应地引起教学组织形式的不少变化。十九世纪末和二十世纪初，西方国家就掀起了"新教育运动"，对教学组织形式和学校模式进行了改革。我国近十几年来，对班级授课制也进行了一系列的改革，以适应素质教育的需要。这一方面继承了班级授课制的优点和长处，另一方面又克服其局限性，丰富发展了班级授课制。

小班化教育

从本质上看，小班化教育是班级授课制的特殊形式，但又不同于传统的班级授课制。

小班制的依据

小班化教学在本质上并不是对班级授课制的否定，而是对传统的班级授课制模式的完善和发展。目前，我国中小学教育小班上课的改革实验取得了一定的经验。特别是上海市、天津市、北京市和江苏省的小班化教育试点与推广工作，已取得了许多成功的经验。

注重发挥学生的个性和特长，培养儿童的创新能力，这是小班化教育的一个显著特点。北京东路小学是上海市最早开展小班化教育的试点学校，每个班级学生最多26人，最少仅18人。一般每个班级配备2~3名教师，按照年级课程计划配给教师工作量。由于班级学生人数减少，教师有更多的机会进行个别辅导和因材施教等，既融洽了师生之间的感情，也促进了学生主动学习的积极性。试验结果表明，小班学生的学科成绩明显高于平行的大班，学生的个性和特长发展比大班更为充分，合作精神得到培养，探究意识日益增强，特别是自理、自治、自学能力明显提高。

小班上课制一方面保留了班级授课制的优点，仍以班级作为基本教学组织形式，同时又打破传统的编班方式和课堂教学模式，使小班化教育能更好地适应教育发展的要求，特别是适应全面实施素质教育的客观要求。从上海市"小班化教育"试点与推广来看，小班化教育在理论上和实践上都是可行的。其依据主要有以下几点：

1. 经济的发展和科学技术的进步，为实现小班制教学提供了物质条件

班级授课制是工业文明的产物，一方面，资本主义工业的发展要求扩大教育规模，增加教学内容，提高教学质量和效率，并为实行班级授课制提供了物质条件；另一方面，由于物质条件的局限又对班级授课制造成一定的局限性。由于教学资源的制约，只能是几十个人在一个班上课。由于校舍条件的限制和教师数量不足，在很长一段时间，我国一些经济落后地区还实行复式教学，把几个年级的学生放在一个班里教学。

随着经济发展和科学技术的进步，办学条件也越来越好，教育资源的优化配置已成为现实。如校舍的改善和增加、教学设备的优良、教师数量的增加和质量的提高，这些都为实现小班化教学提供了物质基础。早在二十世纪初，西方曾出现道尔顿的设计教学法等教学组织形式改革，这些教学组织形式都是在经济发展和科技进步为教育发展提供丰富物质条件的基础上进行的改革。教育教学条件的改善已成为小班化教学的强大动力。

2. 小班化教学以提高学生个体接受教育程度为目的，符合教育发展的要求

教育是一定经济发展的产物，又是为一定经济基础和上层建筑服务的。经济的发展和科学技术的进步，已使教育的发展从原来的注重数量、规模、速度，转向注重质量和效益。原来的班级授课由于人数多、教师教学负担重，

学生受教育程度受到一定的限制。特别是实验教学，学生受到教师的直接指导相对较少，学生与教师交流的次数、时间也受到很大的制约。小班化教学的最大优点是提高了学生直接受教育的程度，有利于增强学生学习的主动性和创造性，加强师生的交流，发挥学生在学习中的主体作用。

3. 小班化教育是全面提高素质教育的客观要求

深化教育改革，全面实施素质教育，是当前教育改革的主题。全面发展素质教育的根本目标是提高国民素质，适应社会主义现代化建设的需要。班级授课制实践性不强，学生动手机会少，难以照顾学生的个别差异。小班化教育不再以固定人数和认知水平作为分班依据，而是以能力或兴趣、爱好作为分班依据，同时，人数大大低于原来的班级人数又不固定，就可以更好地照顾差异，采用多种教学方法和手段去实施教学。学生可以采用独特的方式去掌握知识，有利于发挥学生的探索性、创造性，可以更好地培养学生的创新精神和实践能力。

4. 新的教育实践和教育理论为小班化教育提供了经验和理论指导

从整个历史发展趋势来看，班级授课制的局限性越来越暴露，而它的优越性则越来越难以体现。从 19 世纪末 20 世纪初开始，西方和原苏联对班级授课制进行了大量改革和实验，为实行小班化教育提供了经验和理论指导。在西方的新教育运动中，瑞典杰出的女教育家爱伦·凯在《儿童的世纪》中主张教育应爱护和尊重儿童，让儿童自由发展，用自然教育原则改革教育，反对压制儿童的个性，批判忽视儿童年龄特征和个性特点的现象，并提出教育要"由儿童出发"的口号。意大利著名幼儿教育家蒙台梭利（1870—1952）在《童年的秘密》中主张新教育要发展和解放儿童，为儿童准备一种适宜的环境。在这新的教育理论指导下，欧美新教育运动中出现许多新的教学模式。我国近十几年来的教学改革和实验中也出现了许多新的教学组织形式，如小班制、合作教学、小组协作教学等。

小班制的组织和教学原则

1. 小班化教学的资源配置

小班化教学是相对而言的。以往的传统班级一般在 50 人左右，小班的学生，从上海市和天津市的经验来看，试点班平均在 24 人左右，最多的 28 人，最少的 18 人。一般每班学生在 20 ~ 26 人之间。学生人数减少后，教育活动即会发生相应的变化，在时间与空间上会得到重组。班额的减少，可以使每个学生与老师的直接见面机会增多，师生互动关系得到增强，教育教学的内容、方式、评价也会发生新的变化。这就必然要求教育资源配置适应小班化教学。

在教师配置上，应从小班化教学实际出发，合理调配教师。上海市的小学一般每班配置 2~3 名教师。在小学低年级，一般一名教师教语文、数学两科，周课时 13 节，一名教师任班主任，进行自然常识、生活与劳动、体育、班队活动、兴趣活动、综合教学、心理辅导等，一般周课时为 10 节，还有一名教师教体育、文艺、美术、保健、兴趣选修等学科。中学阶段，在必修课不变的基础上，根据不同班级选配不同的辅导教师和兴趣爱好指导教师。从课时和作业量上看，老师工作量似乎比原来轻了，但由于小班化教学是以提高个体接受教育程度为目的，因此，教师必须对每个学生进行因材施教和兴趣培养，对每个学生制定并实施个案教育，要适时进行逐个的生活指导和心理教育，工作量的个性化大大增加。实际上，小班化教育教学比大班教学更复杂，更困难，任务也更重。

在教学设备的配置上，应根据小班制特点有所侧重。如音乐、体育、书法、电脑，都要适应小班教育，作适当调整和增加。特别是为了适应个性化的发展，要增加教学设备。

在课程设置上，应打破传统的教育观念，在上好必修课的基础上，适当增加选修课和活动课程。根据班级特点和学生的兴趣、爱好，开设音乐、美术、书法、自然科学、心理咨询、社会实践等活动课程。

2. 小班制的组织和教学原则

从小班制的特征来看，小班制的组织和教学应遵循以下原则：

（1）人数适中原则。目前我国中小学班级人数一般在 50 人左右。分班时一般考虑到好中差搭配，以便班与班之间的竞争。小班制的本质特征，是在原班级授课制的基础上使受教育者接受更多的直接教育机会，同时也要考虑中国教育的实际，人数不能太多，也不能太少。多了，就失去了小班制的意义；少了，又不成为小班制，而是个别教学。因此，应坚持人数适中原则。

（2）坚持能力平衡原则。小班制的分配依据很多，可以按兴趣爱好去分配，也可按照认知水平去分班。如果是按接受能力去分班，为了便于完成教学目标，应坚持能力平衡原则，实行分层次教学。根据学生的不同接受能力组织教学，及时辅导差生。

（3）个性化差异原则。个性化是小班制分班和组织教学的重要依据，小班制的最大优点之一是有利于发展个性。把有相同兴趣和爱好的学生集中在一起学习，可以更好地激发学生的兴趣和爱好，使学生的特长得到最大限度地发挥。

（4）注重实践原则。小班化教学的目的，是为了使受教育者受到更多的直接教育的机会，充分发挥学生的个性特长，提高教育教学效率。在分班和教学过程中必须重视教学实效，把提高教育教学质量作为唯一出发点，不能搞形式主义，更不能简单化。

小班化教学的策略

随着素质教育的全面推广和教学条件的改善，小班化教学在我国许多大中城市的试点工作取得许多成功的经验。上海市已有 280 所中小学推广了小班化教学，天津市也有 50 多所中小学进行了小班化教学实验，其经验可供我们参考。

1. 主要教学方法

小班化教育课堂教学方法众多，但概括而言主要有以下几种：分组教学法——以同质或异质或学生自由组合编组为形式，把班级划分成若干个教学小组进行教学；个别指导法——师生一对一进行因材施教或差异辅导；体验教学法——解放学生大脑、肢体和感官，全身心体验教学媒体；尝试教学法——调动学生的主体意识，激发内在欲望，不断实现自我学习的成就感；鼓励教学法——运用物质与精神手段鼓励学生努力实现教学目标；交融教学法——倡导师生关系、教学互动、认知全面发展以及教学情景的事例贯通；活用资源教学法——充分利用教学资源和教学时空的合理组合，实现教学过程的最优化；留有余地教学法——教学要留下学生独立的探究空间，启发学生勤于思考和实践。

2. 课堂教学环节和设计

小班化教育课堂教学的策略主要有：互动教学策略——充分体现教与学双边的积极性，共同参与教学；角色教学策略——教学中必须具有角色及其角色转换、体验的意识，实现教学尝试并不断获得成功；分层教学策略——在尊重学生主体选择的基础上实现全员全程分类教学；兴趣教学策略——以激发教学双方兴趣的点、面、厚度（持续性）为先导，构建师生积极进取的课堂活动的心理机制；体验教学策略——通过教学体验理性感知教学，特别是感知知识的发生、发展过程；问题教学策略——以问题为起点、深入探究问题、提升出新的问题三部曲为逻辑循环、组织教学、实现教学功能；反馈教学策略——反馈信息的快速、准确与全方位，适时调整教学过程；弹性教学策略——运用教学的张力与艺术性，促进学生生动、活泼、自主地发展。

小班化教育课堂教学遵循特有的原则，即机会均等原则——让每个学生得到"阳光普照"，有条件、有机会充分发展；主体参与原则——全方位调动学生学习的兴趣和内在潜力，主动参与教学过程；教学综合原则——提倡教师跨学科教学，优化教学过程，尽力拓宽加厚学生的认知基础，并形成迁移、创造和实践能力；个体充分发展原则——关注每个学生的发展，在充分尊重个性的基础上实现因材施教，并以不断提高个体接受充分教学的程度为唯一目标。

小班化教育课堂教学的环节设计与组织，也有与传统大班教学不同的特点，表现在：备课——在备教材的基础上，重点备学生（了解并指导每个学生的学习），备教学实施空间组合变换（如桌椅排列、师生在教学过程中位置的变化及互动轨迹等）；还要研究增加哪些教具、学具或活页材料，充分调动学生的五官、肢体；通过实践感知教学，减少认知坡度。上课——以分组教学和个别辅导为主，二者所占的时间与空间为整堂课的2/3以上。教师必须兼顾每个学生的学习，师生的角色经常互换，采取鼓励、扶持、点拨、尝试等方法促进学生主动学习。练习作业——体现分层多元特点，并要有弹性可供学生自主选择；要求以课堂完成为主；作业实行面批。考试测验——实行"无节"调控，学生对其成绩不满意，可申请复测，直到满意为止。

3. 分层次教学

（1）分层备课，把握学生层次。

在备课之前，教师需对班中学生逐一了解，包括学生在学习兴趣、平时爱好、学习方法、学习习惯、在学习上所花的时间、在家学习的环境等方面，采用家访、调查统计等不同方法，做到"心中有数"。在此基础上，初步将学生分层：A类，学习兴趣浓厚，爱好广泛，求知欲强，有扎实的基础知识，学习成绩稳定；B类，智力因素好，缺乏刻苦精神，学习兴趣有偏差，成绩忽上忽下，但有一定的向上潜力；C类，智力或非智力因素相对差些，学习上感到很吃力，成绩不理想。然后，教师必须钻研教材，将统一的教学目标按不同层面学生的不同情况重新设计，或提高难度，或降低要求。再将教学过程中的重点、难点实施分解，设计坡度，设计不同的问题和练习。

（2）分层施教，个别辅导。

在课堂教学中，教师也应针对不同基础的学生，实施分层教学。对于A类学生，给予自学机会；对于B类学生，自学加教师适当点拨；对C类学生，则由教师扶持其主动学习，或由A类学生帮助其主动学习，让他们有较多练习巩固的机会。讲授新课时，通过分层次提问和练习、小组学习，进行训练与巩固。让A类学生吃得饱，B类学生跳一跳，摘得到，C类学生在低起点、小坡度、密台阶的精心组织下，也能消化得了。在分层施教的过程中，对于学习上有困难的学生，教师应对他们始终关注，认真辅导。同时，教师也不能忽视对A、B类学生的个别辅导，包括能力、情感、心理等各个方面的交往。形式上，教师可坐在学生身边重点辅导，也可请几个学生到教师身旁作重点辅导，还可请各组的A类学生分别辅导C类学生。

（3）分层练习，设计弹性作业。

练习分"必做"和"选做''。必做题可面向 A、B、C 三类学生，重在学习、巩固基础知识，达到教学基本要求；选做题面向 A 类学生和部分 B 类学生，重在培养运用与创新能力，达到教学目标的较高要求，即培养发展性学力与创造性学力。设计弹性作业的目的，是让不同基础的学生有所选择。在课堂练习时，教师要心中有底，有的放矢地进行巡视，指导 A 类学生自己落实"双基"要求，点拨 B 类学生发挥潜能，进行练习，帮助 C 类学生完成练习。教师应加强即时面批，让学生当场订正。

（4）分层辅导，分类化解难点。

在教学中，培养学生良好的学习习惯，激发兴趣，指导学法，应贯穿教学过程的始终。辅导不仅要辅导知识内容，还要辅导方法、习惯，激发兴趣、意志等。

对于不同层次的学生，可以分类化解难点。C 类学生，他们往往缺乏自信，知识欠账多，没有良好的习惯。对他们要倾注爱心，鼓励自信，结合教学中出现的问题，不失时机、由浅入深地弥补缺陷，扶他们走上成功之路。B 类学生，他们基本能够掌握所学知识，也能掌握一定的学习方法，但缺乏钻研精神和独立思考习惯。对他们重在开发非智力因素，培养良好的学习习惯，促使其由 B 转 A。A 类学生，一般来说，基础知识扎实，有良好的学习习惯和正确的学习方法，对他们一方面指导横向拓宽，夯实基础，一方面要鼓励创新，纵向加深。此外，还要注意对超常儿童和弱智"随班就读生"进行个别指导。

（5）分层考核，鼓励异步达标。

实施素质教育的一个重要突破口，就是考试方法改革。小班化教育中考试制度的改革，主要集中在以下几个方面：①加强平时考查。采用按学科分段（单元）测试和分段验收的方法，使学生经常获得成功体验，克服知能缺陷，这种考查随堂进行。②优化集中考试。破除一律笔试的规矩，根据各学科的特点，采取多样化考试方法：语文、数学除笔试外，增加朗读、书写、背诵等技能测试；英语加强听力测试等。③尝试进行无不及格考查。通过教师热情帮助，学生主观努力，给予学生机会，重复考查，直到及格为止。电脑、社会、科学、劳动、体育、音乐、美术、活动等学科，均采用无不及格考查。④尝试进行优生跨年级考试。成绩合格，基础知识扎实者，允许跳级。

考试方法的分层分步实施，使不同程度的学生经常获得成功的愉悦，激发他们更旺盛的求知欲，为最终达到教育教学目标提供有利保障。

4. 对学习困难学生的辅导

（1）优生协助法。

学习困难学生需要多种形式的辅导。特别是对一些知识缺漏较多的困难学生，教师可以为他们配一名优秀生同坐，让优秀生协助困难学生学习。采用这一形式，能增加困难学生的学习机会，减少困难在头脑中的停留时间，提高辅导效果。

（2）小组讨论法。

分组教学是小班教学常用的一种课堂教学组织形式，也是适应个体差异的一种课堂教学策略。它能较大程度地发挥集体互助的力量，促进学习困难学生的转化。学生分小组讨论时，可按不同要求编排小组。有时可异质分组，相互取长补短。在讨论过程中，让困难生学习优秀生的思维方式和方法，从而不断提高自己的认识水平。有时可同质分组，特别是在竞赛性学习活动时，让困难生有获胜的机会。

（3）角色互换法。

当困难学生有了一些进步或对某一知识掌握得比较好时，为了满足其表现欲，可以采取"角色互换"方式，让他们当一回"小老师"。这样，他们会更加积极地参与学习活动。特别在互改作业中，他们为能给学习伙伴提出问题而欢欣鼓舞，从而增强自我评价能力，使某些困难消除在自然的状态中。

（4）课堂提问法。

学习困难学生面对教师的课堂提问，往往不敢主动举手回答，原因是怕答不出，怕被老师问倒。因而，教师在课堂提问时，要从实际出发，对较简单的问题，可请困难生回答，对稍难的问题，可以先请优秀生作示范回答，然后再请困难生作模仿性回答。也可以由教师提示，师生合作说出正确答案，使困难生有机会和老师、同学进行交流，并从中获得参与及成功的情感体验。

（5）质疑问难法。

学习困难学生在学习过程中，常常是既不懂也不问，不问则更不懂，于是学习越来越困难。为了培养学生自主学习的精神，教师经常会留出时间，让学生向老师或同学提问，此时困难生往往缩在一边。教师要主动启发困难生提出不懂的问题，有针对性地进行辅导。如果他们提不出，教师可以采用"反质疑"的方法加以启发："你没有问题了？那么，老师来问你一个问题好吗？"以促进他们积极动脑，主动质疑。如果困难生能主动提出一个问题，就要给予鼓励，以逐步使他们养成有困难主动求助的习惯。

（6）即时反馈法。

学习困难的成因，往往是由逐节课的知识缺陷积累而成的。因而，利用小班人数少、教室四周黑板多的优势，在每节课、每个教学环节中，都让困难生有当众板演、读生字或教学卡片、朗读课文、默写等机会，并即时反馈学习效果。成功时给予热情鼓励，有错时给予及时矫正。不让知识缺陷延续、积累，逐步达到教师心中明、学生掌握知识堂堂清的良性循环。

（7）弹性作业法。

学习困难生需要适应自己认知水平发展的作业练习题，需要教师在课堂教学中给予更多的个别辅导和帮助，弹性作业能体现多层面教学要求。例如有的体现数量的差异，有的反映难易的差别，并根据数学序列从易到难排列。学生在完成教师规定的基本练习题后，可根据实际需要依次选做。当大多数学生在弹性作业的调控下自动学习时，教师能腾出时间辅导困难学生，而困难学生一旦学有余力时，也可适当做两道弹性作业，从而进一步激发学生学习的主动性与积极性。

（8）铺垫练习法。

对学习困难学生进行课堂辅导，目的是为了培养学生独立学习的能力，有效提高学习成绩。因此，必须留出一定时间让他们独立作业，独立订正。如果估计到困难生在完成某一项作业时会遇到知识缺漏等困难，教师可以为他们提供 1~2 道铺垫性题目，以减缓学习坡度。

（9）巡视指导法。

这是一种教师在课堂巡视时，有意识地对学习困难学生进行重点辅导的方法。比如小组讨论时，启发困难生发言，并听一听他是怎么说的；实验操作时，看一看困难生是怎么动脑、动手的；独立作业时，站在他们身边进行适当点拨等，从而让他们获得更多的个别辅导机会。

（10）优先面批法。

面批是进行个别化教学的一种极为有效的方法。它不仅注重作业的结果，更注重思维的过程。小班教学为实行作业面批提供了可行性。面对困难生，更应多加关注，优先面批。发现他们作业有错误，先不打"×"，而是教师面对面地点拨思路，学生一次次地自行更正，直到做对了以后再打"√"。这样，能使学习困难学生对作业产生一种"我也行"、"我也能做对"的情感体验，从而乐于通过自身的努力去获取成功。

总之，教师要以学习指导者、促进者、呵护者的多重角色，帮助学习困难学生获得更多与自己学力相适应的学习机会，给予较多的关心和鼓励，使他们在课堂中享受学习的乐趣与成功的喜悦，增强自信心与自尊心。

小班化教育的评价

1. 注重激励的评价

小班化教育的思想，在于激励每一个学生自主、自动地发展，因此，在课堂教学中，教师应该注重把握学生在学习过程中的每一个闪光点，及时地捕捉称赞学生的时机，重在形成学生积极的学习态度。激励的方法有语言的、体态的、动作的，甚至是组织一个简短的仪式，让学生产生一定的兴奋记忆。在低年龄学生中，这种直接激发兴趣的方法尤为有效。

2. 注重形象的评价

少年的思维特点是以形象思维为主，向逻辑思维过渡。现代心理学研究提出学生的思维发展始终伴随着形象思维的特征，形象思维和逻辑思维共同发展。教师在教学过程中要千方百计地让学生对评价留下深刻的印象。发奖品、留手印、送贺信，甚至是一颗小小的红五星，这些对于小学生来说，都会有不同凡响的作用，教师都以学生的心理来理解所给予学生的一切。

3. 注重过程的评价

学习要看结果，更要看过程，这是现代教学策略一项重要的内容。在小班化教育中，有更多的机会让学生展示自己的学习过程，特别是思维的过程。教师经常让学生说说"是怎么想的"、"是怎么学的"等等，通过评价来引导或矫正学习的进程。如在教学中，教师让全体学生书写反馈，使学生得到及时的指导。

4. 注重多元的评价

学生学习的评价应该是多元的，在小班化教育的条件下，教师应更多的关注学生发展的各个侧面。在学习品质的培养上，建立多角度评价机制。以教师在作业上的评分为例，改变以往只给一个分数的做法，还在作业本上写"你真棒"、"加油啊"、"再加把劲儿"等评语，在情感方面调动学生积极的情绪，引起学习的进取心。

5. 注重个案的评价

为每一个学生描绘成长的轨迹，是小班教师的心愿。在对学生进行评价时，以往较多地采用横向比较的思路，而在小班化教育中，强调每个学生都有发展空间，应该更多的从纵向思路去记录学生成长的历程。要求教师及时地记载学生在学习和活动中的"闪光点"，当这些"闪光点"连成一线、织成面的时候，将看到一个学生"全貌"，那要比一些分数累积起来的档案要丰富得多，也实在得多。

6. 注重群体的评价

小班化教育的教学策略中有一条是小组合作学习，在学生评价过程中，提出了学生群体评价的方法，即在实施小组学习的时候，评价不是指向学生个体的，而是指向学生群体，只有当小组的学习获得成功的时候，才能获得肯定的评价。这就要求在小组学习的过程中，发挥小组集体力量，不让一个同学掉队，小组的成功成为小组成员共同努力的目标。

7. 注重活动的评价

在活动中考查学生的学习状况，是一种动态的评价。教师结合教学进程，组织反馈性活动，可以是学生个体的，也可以是小组群体的。教师依据学生在活动中的实际表现，给予适当的评价，对于学生的出众表现，可以给予及时的记载。所以，学生评价手册是学生随时随地可以拿出来给老师进行记载的。

8. 注重分层的评价

在课堂教学中，教师从学生的实际出发，给予不同层次的学生以不同的评价，以适应不同学生的需要。在教学中所体现的层次，主要是掌握学习内容的进度有快有慢。针对这一情况，教师在设计课堂练习时利用分层要求来实现分层评价，让学生有更大的选择余地，让他们在不同的层次上得到成功的快乐。

小班制实验的推广价值

近100年来，欧美各国在新教育运动和进步运动中涌现出各种类型的新型学校和新型教学模式，对提高教学质量和教学效益起到了一定的促进作用。随着我国教育改革的深入，我国许多大中城市对小班化教育的研究也取得了很大成绩，上海、北京、天津等城市已有许多学校试行了小班制教学。天津教科院梁春涛教授在总结天津市小班化教育的经验时，认为小班化教育实验成果的价值至少有5个"有利于"。

1. 有利于充分调动和发挥学生的主体性

小班化教学由于班小学生少，上课学生发言机会多，参与教学过程更直接、更频繁，学生与教师之间、学生与学生之间的交流也更多、更密切。同学相互切磋，合作互助，在课堂讨论中主动探求知识。学生上课由被动变为主动，真正成为课堂的主人和学习的主人。小班化教学为学生自主学习创造了十分有利的条件。

由于座位的宽松，学生在课堂教学中的活动空间加大，更加方便，更加自由，学习的自主性增强，也有利于提高每个学生主动接受教育的积极性。

2. 有利于教学重心由教向学转移

传统的课堂教学，历来都是教师讲学生听，教师问学生答；教师主动，学生被动；上课教师是主角，学生是配角，甚至只是观众或听众。整个教学过程自始至终都是在教师一手操纵和控制下，过分强调教师的作用，教师成了绝对权威，学生被当作装知识的容器，学生学习的积极性、主动性难以发挥，因此传统教育的重心是教师的教。然而，小班化教学情况则发生了变化。

由于教学过程中学生的自主活动增多，争先恐后地发言，积极主动地参与教学活动，大胆质疑，发现和提出问题，热烈争论，思维活跃。上课学生由配角变成主角，由被动学习变成积极主动学习。教学成为教师启发和激励学生充分发挥主体作用，积极主动掌握知识和发展智力及能力的活动过程。教师的主导作用主要发挥在如何调动学生学习的积极性和主动性上，给他们提供和创造参与教学过程的机会和条件，使他们掌握正确的学习方法和养成良好的学习习惯，重视学生独立学习能力的培养，启发和激励他们自主学习。这样，教师的主导作用同学生的主体性发挥就可以结合在一起，有利于提高教学效率和教学质量。因此，小班化教学可以促进教学的重心由教师的教转移到学生的学上。

3. 有利于教师与学生之间的情感交流，使师生关系更加和谐、融洽

由于小班化教育使教师与学生之间接触增多，交往频繁，师生之间的关系就更加密切，彼此的情感交流也更加直接，从而消除了学生的畏惧感和局促感，增强彼此之间的信任感和亲切感，关系更加和谐和融洽。教师关心爱护每一个学生，为他们提供充分的学习机会，不让任何一个学生掉队，使学生都能在教育教学过程中体验到成功的喜悦，学生也更加热爱老师和尊敬老师，愿意听从老师的教诲和帮助。这样，不仅有利于一种民主、平等、友爱、合作的新型师生关系的形成，而且可以大大增强教师人格力量的影响和师表作用的充分发挥。这对学生良好的思想品德及行为习惯的养成将会产生深刻的影响和巨大作用，有的可能会影响一生。

4. 有利于因材施教，促进学生个性充分自由发展

传统的班级授课，由于学生人数相对较多，教师很难照顾到全班每一个学生，更谈不上按照每个学生的不同特点和个别差异进行因材施教，只能按照一般水平的学生进行讲课，结果必然出现水平高的学生"吃不饱"，学习有困难的学生则感到"吃不了"的现象。所以，传统的班级授课根本做不到对学生"因其材而施其教"，教师只是一味地按照大纲规定讲授内容的广度和深度，按着自己编写的教案确定的教学进度去强塞硬灌。长此以往，学生的学习水平必然差距拉大，甚至出现留级现象。然而，小班化教育由于学生人数少，教师对每个学生的情况都了如指掌，在教学中就可以根据每个学生的生理、心理特点和学习基础、学习能力及接受水平，针对学生的个性差异进行差异教学，有的放矢地对不同学生进行分类分层指导。对学习好的学生不加限制，鼓励冒头，给他们"加餐"，促其发展；对学习吃力的学生则加强个别辅导，耐心帮助，给他们充分的学习时间，实行"掌握学习"。对不同的学生提出不同的要求，使学生对教学具有选择，不搞"一刀切"。

另外，小班化教育还使教育的个性化、个别化成为可能。所谓教育的个性化，主要是指教育富有人性化、人道化特点，也就是说教师要尊重学生，把学生当作大写的人看待，尊重学生的人格，尊重学生的个性。小班化教育实验，很重视学习环境的改善和优化，教室布置得充满情趣，温馨优美，富有人情味，同时强调人际关系的和谐，教师尊重学生，态度和蔼可亲，不大声命令和训斥学生，也不强制学生，发扬教学民主，师生之间、学生之间都是平等、合作的关系，互相尊重，团结友爱，形成一种宽松、和谐、愉快的学习环境和氛围。所谓教育的个别化，则主要是指教育的个人化，即教育应考虑个人的生理、心理发展水平和年龄特点，考虑学生个人的天赋、兴趣、爱好及特长，考虑个人的志向和选择，而不是任凭教师主宰和任意摆布。小班化教育要求教师要按照学生的生理和心理发展水平和年龄特点去施教，尊重学生的民主权利和选择权利，强调平等对话，多商量多讨论。在教育教学中既满足学生德智体美劳全面发展的需要，也尽量满足学生的个别需求，培养他们的兴趣和爱好，为学生的个性充分、自由发展创造有利条件。

5. 有利于营造和谐、宽松、温馨、愉快的课堂教学氛围

传统教学模式单一、僵化，课堂气氛呆板、沉闷、枯燥、乏味，教师教得死，学生也学得死，加上片面追求升学率，课业负担沉重，教师教得很苦，学生也学得很苦，造成学生普遍厌学。小班化教育则不同，首先从课堂环境就给人以美感，对孩子有吸引力，感到温馨愉快，容易激发学习的兴趣，强化学习动机。加上人际关系，尤其是师生关系的和谐、融洽，课堂氛围比较宽松。再加上一改过去死板、拘束的"秧田"式课桌椅布局，代之以便于学生参与教学活动的座位布局，给学生以新颖和亲切感，大大激发了学生主动发言，参与课堂讨论，积极投身于教学活动之中的热情，真正成为学习的主人。也正是由于学生对学习充满热情和兴趣，真正成为学习的主人，厌学问题就不复存在了。

另外，师生之间互敬互爱，感情融洽，形成了一种民主、平等、宽松、和谐、友爱、合作的课堂教学气氛，每个学生都会充满自信，都可以尽情地去发挥去创造，可以淋漓尽致地展现自己的才智，努力开发自己的潜能。这对促进他们活泼、主动的发展，无疑是十分有利的。

总之，小班化教育实验符合儿童的年龄特点和个性充分、自由发展的需要，也符合实施素质教育的改革要求，为促进学生全面发展和个性发展创造了良好条件，有利于培养具有创新精神和实践能力的跨世纪的高素质人才。因此，小班化教育具有较强的生命力和广阔的发展前景，是基础教育发展改革的方向。我们认为，小班化教育实验成功，必将对传统教育模式引发一场

深刻变革，在培养人的形式和方式上发生一场静悄悄的革命。

分组学习策略

小班化教学和传统的班级授课相比，在时间、空间上占有更大的优势，学生可以更直接地和老师加强交流。但和个别教学相比，小班化教学又有一定的局限性。为了更好地发挥小班的有利条件，充分发展学生个性，上海、天津、江苏等地在小班化教育的基础上又进行了分组学习实验，把小班化教育和分组学习结合起来，把已经是小班的学生根据学习情况分成若干组。从实验来看，在小班化教学中实施分组学习收到了良好的效果。

分组学习的依据

分组学习是在小班化教学的基础上，吸收分组教学法的经验形成的。分组教学法的实验于 19 世纪末和 20 世纪初在西方就出现并行，它大致分为两大类：一是在一所学校内按学生智力或学习成绩分成年限长短不同，内容各异的几种课程（或者年限不同，内容相同）；一是在一个班内，根据学生学习情况的变化和分化，分成内容深浅不同或进度各异的小组进行教学。著名的代表有美国教育家创建的"活动分团制"。这种改革对于班级授课制来说，主要改在编班上，注重智力或成绩的差异，不再按年龄分班，也不主张固定化。简单地说，就是按程度分班，而且不断变动。这样一来，在一个学校中，传统意义上的班级就事实上变得很多了。因此，这种组织形式也叫"多级制"或"不分级制"。这种组织形式带来学生、教师、家长几方面心理的和社会的各种矛盾，经多年实验证明不易解决。但它考虑到教学进程中必然产生的分化规律，试图找到便于教学又发展个性的办法，这是合理的，有积极意义的。

《上海教育》发表的《小组学习浅谈》中，对分组学习提出了如下依据：

首先，是小组的组合。学生是有差异的，教师切莫轻视。教师可根据学生的性别、个性、能力、学习水平或其他因素的差异，分成若干个同质小组或异质小组，每组 4～5 人，根据情况还可让学生自由组合，或按问题、兴趣临时组合。同质分组，利于教师的辅导，学生的深入研究；异质分组，利于资源的利用；按问题、兴趣分组，利于探讨。

其次，是小组人员分工。要发挥小组功能，必须每人有任务：一组长，即主持人，一汇报人，有可能的话还可设一记录者，每人都必须发言，要使人人都动起来。组长可调换，也应该调换，让每个人尝试、体验主持的快乐和责任，从中提高能力。切忌小组中 1 号总代表相对优秀者，4、5 号总代表相对困难者。学生也是聪明人，老师虽不明说，几次下来他们也会明白，这样会影响情绪，不利于发展。况且，随着时间的推移，教师个别化辅导等方法的运用，学生情况也会起变化，并非原先优秀的永远保持优秀，原先困难的永远困难。学生的兴趣、能力各不相同，因此，也可以根据学科不同，有不同的小组或不同的组长。

再次，小组学习必须建立在个人思考的基础上，否则会流于形式或质量不高。所以，在小组学习中必须分两步走。第一步，保证让学生有与学习内容相适宜的独立思考的时间。没有经过独立思考，效果不会好，经过思考才会提高发言的质量，还会吸收其他成员的意见，或提出异议，展开争辩，真正达到思维的碰撞。第二步，才是小组成员的交流。这样既保证学生有思维的过程，又保证了讨论的质量。

小组学习要重视分层。小组学习适宜游戏教学、尝试教学、发现教学、分层教学、研究性教学，但要发挥功能，必须进行分层活动。根据学生差异，有的要在别人的帮助下才能学会，有的自己就能学会，有的不仅自己学会，还能教别人学会。教师必须把握，使目标、方法、作业都有分层，适合每一层次，让学生各有所获，人人乐学。

小组学习，重过程而不重结果，因为结果在组际交流时还会达到，当然也不排斥结果。但有了过程的积累，结果也不难获得。的确，没有过程，虽然通过其他方法也会达到结果，但学生学习的能力、合作能力却提不高。所以在小组学习过程中，教师需要培养学生静心听同学发言、积极发表自己观点的意向和行为。此时教师需关注每个小组的学习，如某组出现问题，教师需作重点指导，或问题的捕捉，或困难生辅导，使各小组纳入顺利学习的轨道。

最后，是小组学习的评价。为培养学生具有 20 世纪所需的合作竞争能力，小组学习时教师要引导学生达到组内合作、组际竞争的境界。对小组学习的评价应贯彻小组为主、个人为辅和评价过程与评价结果相结合原则，使学生进一步明白小组学习的意义，从而更好地开展小组学习。

分组教学的原则

在小班化教学过程中进行分组教学，应遵循下列原则：

1. 教育均等原则

对每个学生实行等距离的直接教育。教师在分组教学中，对每一个学习组，对每一个学生的直接教育应均等，充分调动学生的学习主动性，使每一个学生都有充分表达自己的意见的时间和空间。

2. 教育充分性原则

要提高分组讨论或分组学习活动的频率，使学生有更多的机会处于活动的中心地位。特别是在分组讨论时，要鼓励学生充分发言、充分讨论、充分表达自己的见解和创新精神，使潜能得到充分发挥。

3. 尊重个性原则

分组学习的作用主要在于因材施教，充分尊重学生的个性，异质异教，对不同的学习组和不同个性采用不同的教学方法，提出不同的教学要求。由于分组教学，学生有充分发现自己的场合和机会，学生的兴趣和爱好有了发挥的机会。教师在教学中应坚持发展个性原则，坚持因材施教，充分发展学生的个性和潜能。

4. 能力平衡原则

分组教学可以采用多种分组原则，有时采用异质分组，组与组之间的智力、能力尽可能平衡，便于开展竞争，各组的好、中、差生水平力求平衡。有的是同质分组，把学习程度或接受能力处于同一层次的学生分为一组。无论是异质分组还是同质分组，尽可能使组与组之间或组内学生之间能力平衡，以便于教育教学。

5. 学生主体性原则

在教学方法上，教师应本着让学生多参与、主动学习、乐学、爱学的目的，利用分组学习使学生有更多的接受直接教育和充分参与的有利条件，充分发挥学生在教学过程中的主体作用。鼓励学生大胆发言，积极参加讨论，特别是鼓励有特长的学生去发展自己的兴趣和爱好。教学方法应多样化，针对不同层次、不同爱好的学生，采用不同的教育方法，让学生多动口、多动手，把学生当作主角，教师当作配角，使学生能学会学习，培养自主能力。

分组学习策略

1. 变革座位排列方式

课堂中学生的座位排列方式，直接影响学生合作参与的方式和程度。传统的"秧田式"座位排列方式，局限于同桌两位学生之间的交流与合作，再大范围的合作就受到限制，不能给全体学生创设主动学习的机会，特别不利于对学习困难学生的因材施教。因此，应遵循"组内异质、组间同质"的原则，改变座位排列方式，按照学生的学习水平、智力情况、性格特点、操作能力等混合编组或自愿结合编组。把课桌拼成凸字形，5人一组，学生不再只是面对教师，而且可以面对同伴。在这样的组织形式中，每个小组都是一个合作群体。这一形式，为每位学生创设了"无威胁"课堂氛围，为学生相互交往创造了良好的条件。

2. 培养合作的意识，教给合作的方法

小组合作学习不仅仅是完成学习任务，更重要的是要通过小组合作学习，培养学生的合作参与意识，教会学生与人合作的方法，与人友好相处，共同完成任务。因此，教师在备课中，对于教学内容，要进行深入的分析，凡是能通过合作学习完成的内容，就要设计安排小组合作学习。运用小组合作学习的方法，针对预习、朗读、研讨、质疑、评价等方面进行的探索，均能取得良好的效果。特别是对于学习的重点、难点，小组合作学习更是一条非常有效的途径。

（1）小组预习。

预习的重点是根据教学目标，找出疑难问题，通过小组内人人发表意见，相互切磋，形成共识，使小组内的在这方面能力较差的一些学生获得帮助，逐渐对预习产生兴趣，能力也随之提高。

（2）小组朗读。

朗读是阅读能力的基础，是培养学生阅读能力的重要训练。以往课堂上的朗读训练，因受时间限制，只是面向少数学生，绝大多数学生没有朗读的机会，因此小学毕业时，还有许多学生读不成句，读不成段。在小组合作学习过程中，读是分析文章的基础，或是小组齐读，或是每人轮读，一节课下来，每个人在小组内可以把全文通读一至两遍。它消除了一些学生不敢大声朗读的惧怕心理，从敢在小组内朗读，逐渐到敢于在班上朗读，使每一个学生的朗读能力都有不同程度的提高，自信心也得到增强。

（3）小组质疑研讨。

小组质疑研讨是拓展学生思维广度和深度的良好形式。通过研讨，同学之间相互启发，学生们可以深化对知识的认识，形成概括能力；广收信息，增强主动探究的能力；大胆交流，提高交往能力。在小组质疑研讨中，学生们通过各抒己见，形成小组意见，又通过组际之间的交流，综合大家的意见，做出完整的、较理想的结论，使学生们感到合作的力量大大超过个体的力量，自己和小组不可分割，互助的成功体验也常常产生。例如：在学习"角的度量"时，要求学生认识并会使用量角器，在以往的课堂上，教师会手拿大量角器进行演示，并把量角的方法和步骤一一列举出来。现在，教师却是把问题留给了学生，对于如何使用量角器去量角，通过小组合作学习，让学生自己探究、质疑和解答。在学习中，学生们求知欲旺盛，每一个学生都亲自动手，边量边研讨，把他们的发现及时记录下来，然后以小组为单位，到讲台前向全班汇报，在汇报过程中别的小组如有问题或异议，可以讨论，直到解决为止。在整个学习过程中，全班的每一个学生都成为学习的主人，融入自己的小组之中，为小组的成功而喝彩，为自己是小组的一员而自豪。不仅如此，同学间的学习互助还具有心理接近、语言融合、易于交换意见的特点，无论是提出疑问，还是争论探讨，都可以在无任何心理负担的情况下进行。

在这一过程中，学生不但有自主学习的体验，还可获得互助合作、探求真知的群众主体性的经验。

（4）小组评价。

对自己、对别人能够公正、客观地进行评价，是学生自主性的体现。为此，我们在学习完一课或一单元之后，给学生一定的时间，进行小组评价。评价的对象，包括评价自己、评价同学、评价老师。评价内容主要是学习态度、学习方法、学习能力、教学成功与不足等几个方面。通过小组评价，小组内的同学能够互相取长补短，特别是原来一些得不到表扬的学习困难生，在小组内经常能够得到同组同学的鼓励，有的还得到全班同学的掌声，使他们学习的积极性日益高涨。对于教师，学生们也能够依据自己的学习体验对教学提出意见、建议，真正做到教学相长。通过小组评价，许多学生提高了思维能力和表达能力。

实施分组学习的效果

实施小组合作学习，提高了学生的合作参与意识和能力，对于培养学生交往的主体性起到了重要的作用。

为学生创设了更多的交往机会。每个学生都有自我表现的机会和条件，从中可以寻找到自我价值，发展自我，认识自我。

加快了学生沟通的速度。小组合作学习克服了传统班级教学中学生间沟通速度慢、沟通面小的弊端，使每一个学生在课堂上都能有发表见解的机会。

培养了学生的社会适应性。小组合作学习为学生创造了互相认识、交流、了解的机会，从而培养了他们的合群性，培养了学生善于倾听别人意见和帮助他人共同提高的好品质；消除了一些学生惧怕别人提意见的心理，培养了帮助他人共同提高的好品质；消除了一些学生惧怕与别人交往的心理，培养了主动与别人交往的能力，使其社会适应性得到了发展。

培养了学生的参与意识和合作精神。小组合作学习的最大优势体现在攻克综合性的学习目标，通过小组讨论，各抒己见，综合群体的意见，达到完美的境界。长此以往，学生便会感到，任何一个成功，必须依靠每个个体的积极参与和相互间的合作才能实现。在这样的学习活动中，学生自主性、主动性、创造性必将得到充分的发展。

实施分组教学，学生的参与课堂发言的机会大大增多了，不敢在全班发言的，可以在小组讨论时发言。而在大班教学时，这些胆小的同学往往会成为"被遗忘的角落"。在小组讨论时，同学之间相互启发、相互帮助，可以培养他们的协作意识和互助精神。此外，老师还能在课堂上及时发现优秀小组，让全班同学看他们是如何讨论的，以此为榜样，不仅促进了课堂效果的提高，而且培养了同学的集体荣誉感。由于采用小组围坐、分组教学的形式，除师生交流外，更多的是学生的多向交流，在不变的教学时间内所提供的发言机会猛增，而且在同龄人之间较少权威因素，每一个学生都能畅所欲言，思想也不容易开小差。

事关重大的教学法

你需要对教学法因素进行思考。尽管许多国家已经广泛使用教学法这一词，但是它在英国并没有成为教师专业用语的一部分。教学法因素与教师的道德规范，以及教学方法、教学内容是相互关联的。

可以肯定地说，分层是教学法实践的关键点。运用分层的过程是教师应用多种教学工具的过程。为了让学生理解他们选择的丰富程度，这些教学工具起到了基础性作用。在我们与教师讨论的过程中，有一个目标是我们必须强调的——所有的学生，无论他们的学习能力如何，是否受到学习障碍的影响，都必须是自主学习的个体。有时候，独立一词也会作为自治的代名词，它假设学生有同样的意愿和目的。对自主学习（一个政治、文化、精神和哲学的概念）下定义是一件复杂的事情。要想在如此简短的篇幅中尝试揭开并分析自主学习概念的内在维度几乎是不可能的，这也是我们在这里只提到一个因素，即"选择"的原因。教师在设计分层的教学时，最需要考虑的就是为学生提供怎样的选择。通过运用分层作出选择的过程，是学生成为自主学习的个体的关键步骤。对于学生来说，你作出的选择越多，你依赖他人的指导和受他人控制的可能性就越小。可以说，这样会使你从受他人操纵的境地中解放出来。对于个人来说，学会作出选择能够使你处理好两难局面，学会作出决定能够引导你实现对你有益的结果——当然，我们希望这种结果也是在一个能使他人受益的道德规范的框架之内。在这种情境下，我们追寻的终极目标是相互依存的，而不是仅仅从个体角度考虑的独立。

我们需要仔细审视追求独立的教育目标的不同维度，因为这种独立很可能来源于某些不道德的、邪恶的和非正义的个人行为。我们之所以认为分层能够为自主学习提供帮助，是因为分层允许学生获得自我意识，为他们提供挑战，并提升他们自主选择的意识。教师为学生提供的学习应该鼓励学生从纷繁芜杂的事物中发现问题、解决问题，质疑那些以客观标准的形式呈现在他们面前的学习内容，在遇到不确定的问题时，他们能够反思那些自己能够回答或者不能回答的问题。教师还必须向学生提出富有挑战的任务，促使他们探索和质疑自己的信念和价值体系。通过与他人的互动学习比独自封闭学习获得"成功学习"的概率要大得多。如果学习系统能够为所有的学生提供分层教学，那么这种"成功学习"出现的几率就会更大。教师以及他们创设的教学环境，确实能够为学生日前和将来的生活质量提供帮助，他们能使学生最终成为社会中的自我决策者，并获得自己能力所及的最大限度的成功。

在这一部分，我们将关注的焦点放在教师的分层。在一些情境下，学生被定义为需要额外教育支持的人，他们可以通过教师提供的分层教学来满足需要。录用新教师可以算是一种解决这种教育需要的方法。相应的，教师队伍也会越来越庞大。新来的教师可能受过其他的专门训练，但他们很有可能没有受过专门的教学培训。在英国，这种教师通常被称为教学助理（LSA），这些专职辅助人员富有活力但薪酬低微。作为教学助理，他们从事着相当复杂的工作。他们中有些人可能在非教育领域工作得不错，但是他们毕竟从来没有受过专门的教师培训。然而，许多没有受过专门教师培训的教学助理却能够提供高质量的教与学。在本书中，我们使用的"教师"这一概念包括教学助理。安排新教师处理问题情境，从根本上说，也可以算作是对教师资源的一种有效利用。

增加教师的数量的确扩展了可供选择的学习工具的范围。然而，如果认为仅仅靠增加教师的数量就可以保证提升学生学习的潜力，则是完全错误的。我们必须充分考虑实际情况。新增的那部分教师需要了解学习障碍产生的原因，需要为学生提供克服学习障碍的教育，他们必须经过专门训练才能够履行自己的专业职责，同时也需要在一个能够清晰地认识交流目标和任务的团队中进行工作。因此，人数的增加并不意味着学习质量的必然提升。

我就是那个小丑

一天早上，一个男子走进诊疗室，闷闷不乐地坐在医生面前的椅子上。医生放下手中的报纸，打量了这名男子一番，没有立即认出他是谁。医生问道："您哪儿不舒服？我能为您做点儿什么呢？"男子开始跟医生讲述自己是多么的绝望和抑郁，他说："早上起来，当我看到镜子中的自己时，我感到非常厌恶。我看着周围的人和他们所忙碌的事情，觉得这些对自己丝毫没有意义。在过去的几个月，我发现，有时候我会无缘无故地流泪。我都不记得自己上次微笑是什么时候的事了。我没有一点食欲，难以入睡，对我来说，前途一片昏暗。"医生告诉男子，她可以帮他开一些抗抑郁的药，但她还有更好的办法。她说："我一直相信微笑是最好的药方。我有个主意……你注意到最近我们镇上来了个马戏团吗？这是个巡回马戏团，有一些在国际上享有很高声望的艺术家。在每个节目之间，会有一个小丑出来表演，他可不简单啊！可以肯定的是，那个小丑一定能把你逗笑。我自己也曾看过这个小丑的表演，真的能让人笑得喘不过气来。我建议你买张票去看看他的表演，这会让你感觉好受很多。"那个男子说："很抱歉，医生，我根本不可能买票去看那个小丑的表演。"医生打断他的话说道："不，你可以的。周末可能很难买到票，但平时是没有问题的。"男子耐心地解释说："不，你不明白……我之所以不能去看表演，是因为……我就是那个小丑。"

这个故事有多重含义。我们希望借此强调的是，不能仅仅根据对他人的假设和肤浅的认识就判断出他们的需要。你需要看得比你眼前的景象更深入一些。作为一名教师，你可能会发现一些学生有不良的行为特点。人们之所以认为他们行为不良，是因为他们的行为影响了其他学生，妨碍其他学生接受新的知识。有时候，这些行为表现得极具攻击性。然而，我们希望教师透过肤浅的表面现象，深层次地考虑怎样才能够帮助这些学生。许多人指出，学生的行为与学习之间存在密不可分的联系。联想到案例中的小丑，我们不能假设那些外在的、表面化的行为与学生内心的真实想法是相关的。我们需要考虑的是，为什么有些人会表现出特定的行为，怎样才能运用分层原则帮助他们改变这种行为。我们需要进行复杂的分析，分析的主要方法之一是运用技术手段对他们的主观世界进行深度剖析——了解他们眼中的世界是怎样的。有的学生认为，周围的世界是残酷无情的；有的学生认为，不能够信任成年人。我们还需要进一步探索出现这些情况的原因，这样才能使学生的情感状态变得更加灵活、更具适应性。这一点也是情感分层教学过程的一个重要组成部分。

教师也会认识到，学生对新知识的最初反应会在什么时候受到情感的强烈影响。这时候，学生有可能出现谩骂的言语和威胁性的行为，或者产生过激的反应并明显失去对学习的兴趣。有时候，学生的情感反应就是希望引发和教师之间的冲突。在第一章中，我们提到了发生这种情况的心理因素。教师可以从情感上运用分层，在精神上不卷入这类冲突。当好斗行为发生时，从精神上运用隐喻来进行处理。有一种方法就是告诉自己，你必须"把球踢开"。你有意地不去参与学生想跟你玩的"游戏"，也就是运用了一种视觉上的隐喻来避免陷入学生设下的圈套。对于这类情感障碍影响学习的情形，我们还将在第八章进行更加细致的探讨。

在这一部分，我们将关注的焦点放在超越眼前的行为和考虑不同事件的联系上。我们特别强调教师思维的灵活性和可适应性。从他人的情感状态和立场出发，用崭新的视角审视现实的能力，同样也是运用分层过程的重要组成部分。

必须重视学生的方式

在最近几年里，人们开始关注对学习风格和策略的研究，教育教学领域也出现了大量此类教育学研究成果。学习风格能够解释学生处理信息和对自己学习能力作出判断的方式。学习策略则与教师主导建构的学习环境有关。根据本书即将提到的固定思维和流体思维的概念，学习风格更多地表现为固定思维，而学习策略则更多地表现为流体思维。教育研究领域中曾经出现过许多测试和问卷，它们一个比一个全面，目的就是让学生了解，他们自己的学习模式是什么。是靠听觉、视觉，还是运动感觉和触觉。通过回答大量有关习惯和喜好的问题，学生可以了解他们主要是通过视觉、听觉，或是运动感觉和触觉来进行学习的。也有一些问卷和某些教师的做法一样粗糙。比如，它们将各种学习特征割裂开来，只是要得出一个"学生偏爱某种学习方式"的结论。考虑到运用分层的要求，对学生偏爱的学习特征进行分析，这对于教师来说无疑是非常重要的。有的教师本身可能就是一个"视觉学习者"，因此他自然能够在具备这种特征的学习群体中成功地完成教学。但是，如果教师面对的是一群有不同学习特征的学生，这种划分方式就显得毫无用处了。这也是人们对"演讲"式教学普遍持批评态度的原因。一次拙劣的"演讲"严重依赖于一种教学方式，它完全建立在对学生学习方式的单一假设的基础之上，而缺乏多样的演讲内容。

一位教育家用"元认知"一词来表述这样的观点：人的大脑可以处理比单纯的记忆和处理信息复杂得多的内容，比如，学习开车的行为与学会开车之后的开车行为不同。大脑中的有意识元素能够使我们学习有关学习的内容，思考有关思维的问题，这就是弗拉维尔所指的元认知。他认为：

我们能够学习有关我们自己认知过程的知识，通过这一认识过程，我们能够更加深入地了解我们自己的学习潜力。我们的观点是：学生应该获得认识自己学习方式的机会，了解自己运用分析、创造性方式进行思维的能力。我们不相信教学过程存在单一的期望值。在一堂给幼儿讲授的课上，一位教师问学生是否知道一个常见的笑话："如果你想称一头鲸鱼的重量，你会怎么做？"有人回答说："把鲸鱼拿到鲸鱼磅秤上称。"紧接着，学生唧唧喳喳地讨论开了：鲸鱼磅秤会是怎样的呢？它可能在什么地方？谁会在那里工作？为什么要在那里工作？学生的任务变成讨论如何把鲸鱼安全、人道地送到鲸鱼磅秤上去称重。有一个小组的学生打算设计一套鲸鱼淋浴设备，让一个喷头不停地往鲸鱼身上浇水，这样就可以让鲸鱼安全地在陆地上转移。另一个小组设计了一个可以沉入水中让鲸鱼游上去称重的磅秤。在这样一个任务中，学生思考和学习的类型，就成为我们了解班级中学生的元认知能力的信息来源。

这一部分关注的是学习过程中的认知因素，尤其是从运用分层的角度思考怎样包容学生的学习特征。师生策略的灵活性和可适应性得到了特别的关注。我们还引入了元认知的概念，用以强调"学会学习"的重要性。

必须重视的社会因素

学习并不仅仅是一个简单的心理过程，还是一个会产生影响的社会过程。学习的内容和方式能够为你提供信息，帮助你了解作为个体以及作为学生的情况。你从自己所受的教育中了解到的自我状态取决于你感觉到的与教育的联系和身处其中的状态，也将依赖于这种联系的密切程度和扎实程度。在这里使用的"包容"一词，指的是一种能够使所有的学生在一个多样的社会中学习的睿智承诺，也是安排教学计划的一种方式，它能保证为整体安排的计划不会牺牲个体的需要。然而，我们的本意并不在于探讨一个全球性的话题，比如，全世界仍有数百万儿童无法接受正规教育——这是一个有关断裂、疏远的学习的极端案例。与社会因素相关的"包容"概念包含以下内容：

（1）身处学习系统之中，而非置身其外。

（2）投入到在学习系统中发生的学习中去。

（3）投入到有关学习的探讨和理解中去。

（4）让其他人倾听自己的声音。

（5）理解并感受到你被整个学习系统包容其中。

（6）理解你作为学生和个体存在的确定性。

（7）有能力作出选择。

（8）投入到你所在的学习社区之中。

（9）投入到更为广泛的社会之中。

对包容的感知和理解在很大程度上受到社会因素的影响。社会交往必须被看作是整个分层环境的一部分。你需要和同伴以及其他人交往，以拓展你的学习能力。在本章前面的论述中，我们曾经提到过，在直觉水平上，合作型的问题解决方式会比独立型的问题解决方式产生更多的积极效果。就班级管理水平而言，合作型的问题解决方式也同样有效。学生不仅能够在与其他人的交往中获益，也能从同伴间的相互学习中获益。当然，这对于那些班上存在有学习障碍的学生的教师来说也是一个问题——有的学生不被集体接受或者不愿意参与到集体之中。有许多可供教师使用的、区别对待社会环境和群体的教学技术，下面我们将要介绍的是组合式策略（jigsawing）和滚雪球策略（snowballing）。

组合式策略使单个小组获得的信息只有在同其他小组的信息组合起来的情况下，才能形成对知识的整体印象。这就使小组能够看到个别成员和成员配合的重要性，也能够使个别成员和成员配合在特殊的领域中发挥所长。通过与其他小组成员的交流，整个班集体将会对知识有一个整体认识。这种组合式策略可以用于美术教学。比如，让不同的小组分别负责绘制整个图案的某一个部分，最后再将全部的图案拼凑起来，以展现让全班学生欣喜的完整图案。这样能够使每一个成员都感受到成为专家的愉快体验。

滚雪球策略与一种同名的研究技术类似，使用这一策略时，一位成员在提供信息之后，将会建议另外一名成员提供与之有关的补充信息，因而使信息由此得到积累和丰富。这种取样技术也可以在课堂上使用。单个学生可以被看作是信息的来源，如果某些学生不够自信，则可以让他和其他学生配合，成为信息的来源。这种信息的滚雪球效应能够使互动和信息得到积极的建构，如此反复累积，直到最终形成对知识的全面、清晰的理解。学习社区需要精心创设多样的情境，使社会互动为学习创造机会，它们也需要为单个学生安排计划，使学生在这一过程中能够积极互动。在接下来的章节中，我们会了解到，作为一种评估和发展学生情感与认知潜力的工具，社会互动是具有理论依据的。

这一部分内容讨论了与师生系统状态有关的一些问题。我们提出了包容的概念，并强调这一概念需要以可变的尺度区别对待。教师可以运用许多策略来构建包容的学习和师生状态。此外，我们还对其中的两种策略进行了详细说明。

第五章

学生的个体构建与分层

我们要给学生构建什么

我们希望能够近距离地观察人们理解、处理、感知、领会周围世界的方式。前面已经提到过，每个人都在不断地寻求对世界的理解，每个人都能够学习。我们需要弄清楚人们是如何理解世界的，因为感知与理解的过程为人类进行学习的需要提供了最原始的动机。有许多信念体系和理论能够帮助我们建构和发展自己对世界的认识，其中最突出的就是宗教和政治体系。个体建构心理学以乔治·凯利（George Kelly）于二十世纪五十年代进行的研究为理论基础，它是一种测查人们如何看待世界和理解世界的心理学理论。凯利注意到，每个人都能够像一位业余的科学家那样观察和体验世界，像科学家一样，我们会预测将要发生的事情，验证我们的预测，然后根据验证的结果修正我们的观点。凯利认为，这种理论的建构和测试是一种基本的人类活动。他使用了"解释"一词来描述这一主动的过程，而非对既成事实的被动反映。所以，精确选择的"解释"一词取代了诸如"感知"之类的词汇。我们或许可以通过思考与之相关的概念，比如分析、说明、理解、翻译或信任等，来增强我们对"解释"的理解。

从理解我们周围的世界，到意识到我们作为独特的个体都在发展自己的理解和预测（通过判断它们对我们是否有用和有意义来持续地验证和修正），只是一小步。

教师要如何看待学生

现在我们要为你呈现一些在学习系统内部应用教学技术的实例。正如我们所说的那样，这些应用实例并不是呈现在一个僵化的、分析性的学术框架内，这不是我们的目的所在。我们希望阐明的是一种质询的态度和方法。

我们对教师如何看待有情感和行为障碍的学生很感兴趣。这种兴趣是与全球性的社会和政治对全纳性教育的推动对立的，它也是社会包容与排斥的参数和极限的辩论焦点所在。英国学者的研究表明，年轻男子——尤其是那些非洲加勒比地区移民的后裔，以及那些被定义为有额外教育需要的群体，常常在社会排斥图表中被反复提及。该研究还表明，被学校永久开除的学生多是一些 15～16 岁的、有情感和行为障碍的男孩。我们的兴趣在于从教师那里发掘他们认识学生的建构，这些学生的学习价值（对学生自己和整个社区而言）会受到来自他们自身障碍的负面影响。

通过对教师的抽样访谈，进而概括形成了我们所需要的建构。这个教师群体样本由在中小学任教的男女教师构成。出于保护隐私的考虑，我们隐去了他们的姓名和所在学校，我们以一种自由且轻松的谈话方式，从他们那里了解相关建构。在访谈过程中，我们运用了前面曾经提到过的三合一的方法。访谈从自由讨论开始，从谈话中我们逐渐了解到教师对个体建构心理学和三合一方法的看法。由于采用了一种叙述性的访谈方法，我们鼓励教师讲述自己的故事，并澄清故事的目的，这也是一种深入研究教师建构的方法。

　　每位教师几乎都能在瞬间区分出学生是否有情感和行为障碍。他们可以列出一长串的名单，上面是一些有情感和行为障碍的学生。这些学生都有下列的特点，如疏远他人、内心焦虑、心理失调、不满、不守规矩、淘气等。教师告诉我们，他们在理解这些有情感和行为障碍的孩子时，会有一系列自己的建构，尤其在认识他们的"错误"或"困难"时，这些建构尤为明显。他们对那些没有情感和行为障碍的孩子也有自己的建构。在教师的脑海里，他们已经清楚地将学生区分开来。

　　通过重新与教师面谈，分析访谈的数据，我们收集并形成了一套带有普遍性的建构量表，运用这些建构量表，可以了解更多的教师。显然，我们在运用这些建构量表时必须考虑研究偏差和偏见的存在。通过进一步的研究，我们确认了与情感和行为障碍要素有关的 24 个两极建构量表。"正极"被设置在量表的最左端，"负极"被设置在最右端。我们将两极之间的区域划分成七个等级，1 级表示最接近"正极"，7 级表示最接近"负极"。

- 能够集中注意力—不能集中注意力
- 顺从—不顺从
- 能够被感动—不能被感动
- 能够确认界限—没有界限概念
- 能够进行团队合作—只能单独学习
- 行为可以预测—行为无法预测
- 从不骂人—经常骂人
- 行为从不出格—行为经常出格
- 如果教师禁止，就不再说话—无视教师要求，继续说话
- 学习时不发出声音—学习时发出大量的噪音
- 低频率的攻击性行为—高频率的攻击性行为
- 提出适当的要求—提出过分的要求
- 不做与课堂无关的事情—经常做与课堂无关的事情
- 服从管理—不服从管理
- 反应适当—反应过度
- 内心平和—内心焦躁

- 有自我意识—没有自我意识
- 以他人为中心—以自我为中心
- 灵活—固执
- 成熟—幼稚
- 处于自我感觉良好的状态—处于自我感觉不好的状态
- 可以信任—不可以信任
- 愿意接受帮助—不接受帮助
- 可以满足—永不满足

上面呈现的只是对教师个体建构心理学研究的解释说明。我们并不认为它们能够提供任何普遍性的结论，或者可以帮助教师理解有情感和行为障碍的学生。我们注意到，许多心理学、生物学和社会学的定义都可以为我们理解有各种障碍的学生提供帮助，这些定义既可以单独使用，也可以组合起来使用。我们希望描述和阐释的是：如何在小规模的研究调查中运用个体建构心理学理论。

学生怎么看待教学

如果只听取学习系统中教师的声音，我们的理解将会出现许多漏洞，进而受到质疑。学生处于一种怎样的状态？他们在学习系统中会说些什么？个体建构心理学还可以作为聆听学生心声的工具。在接下来几个简短的案例中，我们将向你展示运用个体建构心理学理论观察学生并理解其所在的学习系统的方法。这项研究选取了500名年龄在13～16岁的学生作为观察对象，使用的研究方法与前面调查教师时采用的方法基本一致。我们的目的并不在于探讨研究设计和采用的方法是否恰当，而是为了说明如果能够用不同的方式去观察、聆听你所在的学习系统中其他人的意见，你可能会发现一些以前没有注意到的现象和观点。

通过围绕"我喜欢的课"和"我不喜欢的课"设计问题，我们综合形成了学生的建构系统。我们感兴趣的不是特定的课程领域，而是那些引起学生定义和理解"一堂好课"的因素。我们随机访谈了一些学生，他们一共概括了150多种建构，通过再次访谈，我们把建构的种类缩减为51种。这里，我们并没有完整地呈现全部51种建构，而是从中挑选了一些能够让我们深入理解学生意见和观点的建构。

- 课很有趣—课很乏味
- 老师认为我的发言没有问题——老师认为我说得太多了
- 老师告诉我们应该遵循哪些规则—老师没告诉我们应该遵循哪些规则

· 老师从不讽刺学生—老师经常讽刺学生

· 如果我们没有听懂，老师会重复讲解—老师从不重复讲解

· 如果我们没听懂，老师欢迎我们提问—老师不喜欢我们提问

· 老师的讲解浅显易懂—老师的讲解晦涩难懂

· 老师公平地对待学生—老师不公平

· 老师为不同的学生安排不同的作业—老师为所有的学生安排同样的作业

　　从学生提供的建构中可以看出，在定义自己喜欢的课时，他们的建构存在四个清晰的维度：

· 与学习系统气氛相关的建构；

· 能够把学生作为独特个体看待的建构；

· 与学习群体相关的建构；

· 与教师相关的建构。

　　我们感兴趣的是学生所持有的建构。他们常常将这种建构与喜欢的课联系起来。由此可以得出这样的结论：如果学生喜欢这堂课，那么这堂课的教学价值和学习价值要比他们不喜欢的课高得多。在此基础之上，通过分析，我们认为，学生通常用12种建构来理解他们喜欢的课。根据这种假设，我们收集了有关数据，深入地了解了学生所理解的积极的学习系统是怎样运作的。我们收集了一组学生对"你喜欢什么类型的课"的答案。在此之前，我们曾经提到过"学生的意见"，因此，我们在这里没有将这些建构以清单的方式罗列出来，而是选择用文字表述的方式加以说明。当然，我们还是对他们的表述作了一些细微的改动，以符合整本书的术语和专有名词的表达习惯，除此之外，我们没有对他们表述的细节内容作任何改动。

　　在我们喜欢的学习系统中，师生互动既有趣又不嘈杂——尽管情况并不总是如此理想。每堂课一般来说都还算有趣，我们也能从中学到一些东西。教师的情绪比较稳定，就像他们所讲授的内容一样，教师的行为也不会过于出人意料。学生与同伴一起学习，而不是独自学习。教师讲课的时候，学生都在倾听。教师和学生能够互相尊重。教师解释和安排规则，使得整个班集体能够很快安静下来开始学习，学生知道他们该怎样去做。教师极少大呼小叫，他们很友善，也很负责任，他们批改的作业都会写下对学生很有帮助的评语。

　　上面是学生的建构，因为听起来过于完美，以至于不像是真的。不过，这些建构的确是我们运用个体建构心理学理论研究的结果——给一个学习系统中的学生表达想法的机会。

　　在某些方面，我们给出的答案并不是我们想要说明的重点。我们想了

解的是，据你所知，你所在的学习系统中，学生的观点究竟如何？你是怎样获知他们的观点的？是基于你的假设还是根据你收集到的信息？你最后一次聆听学生的意见是什么时候？你所在的学习系统最后一次聆听学生的意见是在什么时候？你是怎样组织聆听学生的意见的？为什么选择这种形式？

这个研究揭示的最后一个具体问题是：我们发现，那些难以从课程中获取知识和价值的学生，也就是那些被定义为有学习障碍的学生，通常容易使自己的建构走向极端。我们假设这种情况出现的原因可能是这些学生运用了无效的建构系统来处理新的知识和经验。因此，可能会因为一次失败而体验到一连串的失败和无效的建构，这种失败的挫折感可能来自于不能理解知识、缺乏学习的动力，来自于教师、同伴和父母的行为和评价，甚至来自于整个学习系统。当然，这只不过是学生的一种内心感觉、一种预感，还需要对其进行深入的探讨和分析。然而，它明确指出了思维的运行过程，并为质询和分层探索到一条崭新的路径。

做一个博学多才的人

我们带你走进另一个真实的课堂情境，在这里，一位教师正在为一群 11 岁的学生讲授历史课。教师引用意大利文艺复兴作为介绍文化变迁和革新的例子。她引用了许多名胜古迹和名人逸事，并将讲授的重点集中在她最喜爱的艺术家——达·芬奇的生平上。她介绍了达·芬奇受教育的历程，讲述了他成为素食主义者的经历，并认为达·芬奇是这个世界上最聪明的人之一。教师向学生展示了从网络上下载的达·芬奇的素描作品，包括他创作的直升飞机、武器装备以及能够在海底航行的交通工具。然后，她向全班学生介绍了达·芬奇不仅是一位杰出的科学家和工程师，还是一位著名的艺术家和雕刻家。随后，教师组织全班学生讨论达·芬奇的代表作品，她本人对每一件作品的创作年代了如指掌。接下来，教师强调了一件特别的作品——La Gioconda，也就是广为人知的《蒙娜丽莎》。

我们尽量避免引起注意，悄悄地进入这位教师的课堂。我们发现，她过分热心和投入的介绍很可能给学生带来多余的信息。幸运的是，一位学生打断了教师滔滔不绝的讲述。这位学生提出："画中的女人正在微笑，但她在笑什么呢？"另一位学生则争辩说："画中的女人没有笑，她正处于一种焦虑和不安的状态，所以她的嘴唇才会这样的紧张。"一场辩论开始了……

教师赞赏这样的讨论，允许它沿着自己的轨道继续进行下去。随后，教师将话题转移到这堂课的另一个重点上，即文艺复兴时期基督教形象对于画家的重要意义。果然不出所料，教师仍然选用达·芬奇的作品作为讲解的例子。这次她选择了《最后的晚餐》。教师用兴奋的声音向学生介绍说，达·芬奇从 1495 年开始创作这幅作品，耗时多年才完成。学生有些疑惑不解，他们无法想象达·芬奇怎么能花这么长时间来完成一幅作品，他究竟是怎么做到的？

教师给学生布置了一个任务，让他们在一份虚构的文艺复兴时期的报纸上刊登一份讣告，以纪念达·芬奇的一生。教师允许学生将他们能够想到的所有与达·芬奇的生平和成就相关的信息写进讣告中。学生饶有兴致地去完成这一任务，他们收集了大量相关的信息和技术资料。教师则在不同的小组之间巡视，为他们提供有价值的历史信息。快下课时，教师把大家召集在一起，复述这节课的重要内容和知识点。她请班上的几位学生分别朗读讣告。有的学生谈及了达·芬奇和他父亲的关系，有的学生提供了达·芬奇在许多领域具有天分的例证，还有学生关注了一些细节，比如达·芬奇作品的质量和创新风格以及他的解剖学素描方法等，甚至有少数学生还尝试着临摹达·芬奇的素描草图和作品。教师对这堂课的师生价值非常满意。

离下课还有几分钟的时间，教师决定提一些与这堂课相关的问题。我们注意观察了这位教师之前提问的细节，她能够通过特定的形式来运用提问策略，通常会根据个别学生或小组的需要来提出问题。此时，教师让全体学生列举达·芬奇的代表作品。她认为这是一种有趣的结束活动，能够让班上的每位学生都有机会参与进来，她以为这一活动并不会太复杂。她问道："哪位同学能够告诉我这幅作品的名字？这幅作品中有一位年轻美丽的妇人，她的嘴角挂着淡淡的微笑。"她试图描述这幅作品，但又不直接给出有关作品名称的线索。课堂情境继续发展：

教师："好的，拉翠斯，你举手了，你能告诉我这幅作品的名字吗？"

拉翠斯："这幅作品的名字是《蒙娜丽莎》，由里奥纳多·达·芬奇创作于十五世纪，现在正在巴黎的画廊中展出。我想它应该被放在防弹玻璃后面。"

教师："很好，回答得非常好。那么，其他同学能否告诉我达·芬奇的另一幅名作的名字吗？"

（学生沉默）

教师："大家踊跃发言……好好想想我们这节课早些时候曾经欣赏过的那些画……谁来回答？"

（学生继续沉默）

教师："没人知道吗？好吧，我想起来一幅画，它是由达·芬奇在 1495 年创作的。有谁知道它的名字吗？现在有人知道答案了吗？"

（学生仍然沉默）

教师："没人知道？好吧……我敢肯定你们有人知道答案的。想想耶稣生命中的最后一天……非常仔细地想想……他的最后一餐叫什么？"

（学生又想了好一阵子，还是一阵沉默）

突然乔西举起了手。

教师："啊，好的……很好……乔西你来回答。"

乔西："他的最后一餐是碎肉夹饼和油炸春卷吗？"

……

第六章

个性化教育与课程设置

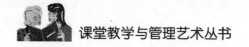

个性化教育对课程设置提出新要求

个性，通常指个人整个稳定的、独特的心理面貌。个性特征是个人身上经常表现出来的本质的、稳定的心理特征系统，包括气质、性格、能力、智力等成分。培养学生良好的个性，是目前教育工作的迫切任务。

我们的近邻前苏联和日本，在这方面觉醒较早。1986 年，前苏联国家教育委员会发表的《普通中等教育构想（草案）》认为："要把教育转化成个性发展的机制"。日本临时教育审议会 1985 年 6 月到 1987 年 8 月提出了四次咨询报告。第一次咨询报告中提到："日本的教育，过多地培养了以死记硬背为中心的缺乏主见和创造力的、没有个性的单一规格的人才。"第二次咨询报告指出："初中教育必须让学生更深地掌握基础的、共同的内容，同时推进适应每一个学生的个性教育。"

个性化教育对课程设置的要求是什么呢？

首先，个性化教育要求在课程设置方面创设一个"民主"的环境。所谓民主的环境，指教师教学的环境与学生学习的环境。课程设置应该有利于调动师生的积极性。教师在教好必修课的前提下，可以依法设计校级课程，以便在教学领域中充分发挥自己的爱好与特长。学生应该在学好必修课的同时，根据特长与爱好，选择选修课与劳技课、社会实践课等，使自己的思想、智慧有一方广大的天空。目前，我国已在这方面做出了努力。在课程上实行民主管理，实行中央、地方、学校三级管理体制。在课程设置上适当减少必修课的比例，增设活动课、选修课。学生对活动课、选修课有自由选择的权利，因而，兴趣、爱好受到了保护，特长会得以充分发挥。从某种意义上讲，活动课、选修课是培养个性的温床。

其次，学校开设的劳技课、社会实践课，也是培养学生个性的极好形式。劳动创造了世界，也创造了人类自身。"教育与生产劳动相结合"，是马克思主义教育哲学的根本观点，是我国教育方针的重要内容。学生从事一些必要的劳动，掌握一些劳动技术，有利于良好人格的形成和完善。1981 年 11 月召开的第 38 届国际教育大会展开了讨论，讨论结果认为：教育与生产劳动相结合是未来教育发展的重要趋势。第 38 届国际教育大会通过的建议书提出："在学校教育中增加生产劳动的内容，可以促进学生的体力、感情、智力和道德方面的平衡发展，可以使他们懂得不同种类的工作的社会和经济价值，并教育他们提高自己本领的同时，尊重劳动人民，为促进各国的经济、文化和社会的发展，做出贡献。"毛泽东在《实践论》中强调实践的重要性时曾打过一个比方：要想知道梨子的滋味，必须亲口尝一尝。开设社会实践课，让学生体验生活，才能求得"真知"。

可设选修课

目前，国内许多学校在选修课开设方面做了大胆的探索。教育部基础教育司《全日制普通高级中学课程计划》不仅规定了中央选修课，还鼓励地方与学校利用当地资源，充分开设选修课。然而，师资、教材、设备、考评，特别是教育思想等问题，却制约着选修课的广泛开设。面对选修课，许多地区与学校一片茫然，甚至束手无策。南京师范大学附属中学等学校在选修课开设方面成绩较大。到目前为止，南京师范大学附属中学已经开设了 38 门选修课，不仅在选修课教材、课时安排方面花费了很大精力，而且在师资方面动了很大脑筋。他们把眼光瞄准校外，聘请高校或社会上专家来校执教。为了吸引专家，学校出台了优惠政策，凡博士生导师来校兼选修课两年以上者，其子女或子孙可在升学方面享受本校教职工的待遇。有些老少边穷地区在选修课开设方面因地制宜，也闯出了新路子。比如，有些地区开设剪纸、年画、地方戏等选修课，对弘扬中华传统文化起到了积极的作用。

关于选修课内容设置问题，教育学家认为，根据需要，可以开设下列类型的课程：（1）为升入高等学校不同专业打基础的课程，例如，升入理科各专业、商科的财经专业，数学基础的要求比升入文科各专业要求要高，高中就应开设高于高中共同基础（表现为必修课）不同水平的数学选修课，供准备升入这些专业的学生选修。升入文科的中国古代史专业、医科的中医专业对中国古代汉语的要求高，高中就应开设高于高中共同基础的语文选修课，供准备升入这些专业的学生选修。这一方面的课程应该是开设选修课首先要考虑的。（2）为帮助学生综合运用知识，了解新的科学、技术的课题。例如，有关环境保护、能源、人口的课程，以及生物工程、电子技术、地球科学等课程。（3）有利于学生就业的职业技术课程。例如，工业基础知识、农业基础知识、簿记、会计、金工、木工等课程。（4）适应学生爱好和特长的课程。例如，音乐理论和音乐欣赏、造型艺术、体操和球类等课程。

选修课教学的评分问题，可以参照必修课，也可另辟蹊径，如采取等级记分或者学分制。

开好活动课

活动课程，在国际上派别各异，思想来源也不一而足。然而，最有影响的流派代表人物要首推美国教育家杜威。19 世纪末至 20 世纪初期，美国学科课程的弊端日益暴露。杜威针对这种情况，在吸收前人及时人理论成果的前提下，建立了活动课程理论。杜威批评传统的学科课程是把一个统一完整的世界加以割裂和肢解，然后分别独立地分成多门学科教给学生，因此成了一堆死知识。他认为，这种"知识"与生活脱节，与实际脱节，以致不符合儿童的生活经验，不能满足儿童的兴趣与需要。他主张学校应当与社会生活密切联系，提出了"教育即生活，学校即社会"的口号。他强调要把各门学科教材或知识各部分恢复到原有的经验状态，把教材引入儿童生活，把教材心理化，变为儿童的直接体验。为此，他建立了把教育从教科书、教师或任何别的地方转向儿童的重要观点，他声称这种转移"是和哥白尼把天文学的中心从地球转到太阳一样的革命。这里儿童变成了太阳，而教育的一切措施则围绕着他们转动。儿童是中心，教育的措施便围绕他们组织起来。"这就是杜威提出的活动中心课程（或称儿童中心课程），其学习的根本方法就是让儿童从经验中去学，也就是"从做中学"。

杜威的理论出发点是好的，但是，过分强调了活动课程而忽视了学科课程。按照他的理论实践的结果证明，学生学习内容庞杂、凌乱，学生缺乏对概念的系统认识，连读写、算的基本技能都不能及时有序地得到训练，结果导致教育质量下降。

二十世纪二三十年代，伴随着杜威来华访问及其中国留美弟子学成归来，一度掀起实用主义教育思想热潮。我国许多实验学校曾一度开展活动课程，然而绩效并不明显。

新中国成立后，杜威的这种实用主义教育观被批判，不过批判时没有运用好马克思主义一分为二的观点，对其理论的合理的成分也予以全盘否定。因而，我国中小学课程长期以来仍让学科课程独主天下。到了80年代，邓小平"三个面向"的理论促使人们寻找教育的新途径，因而活动课程被我国教育行政部门重新重视。1993年秋开始试行的由国家教委制订的《九年制义务教育全日制小学、初级中学课程计划（试行）》遵循"教育要面向现代化、面向世界、面向未来"的战略思想，对我国义务教育阶段的课程进行了设计，构建了由"学科"和"活动"组成的课程体系。

当然，我们认为，对活动课程的实践与研究，绝对不是20年代的机械重复。首先，思想上以儿童为中心，内容上注重多科综合，单科活动课程的提法，本身就是对杜威理论的突破。其次，我国流行着一种看法，认为活动课就是课外活动，或曰第二课堂。这种说法更值得商榷。活动课首先是"课"，课堂是主阵地，但是又要"活"，不受课堂的约束，延伸到课外。对杜威的理论应有所创新，也有所继承。譬如综合性，在创建单科活动课程的同时，还应兼顾"综合"。不仅要注重学科内的综合，也要注重与相邻学科的适当综合。另外，活动课程的内容，比起必修课，更应具备知识性、趣味性、实用性、实践性等特点。

活动课开设与研究，目前已引起教育界的广泛关注。语文作为基础学科、人文学科，活动课开展较为广泛，研究较为深入。江苏省东海县中学 1996 年承接了江苏省教育科学"九五"课题《中学语文活动课程设计与实施研究》，受到全国教材审定委员会委员、全国语文教学法研究会副会长顾黄初教授的充分肯定。他们的《试谈语文活动课程设计的原则》一文，发表于《文教资料》1998 年第 3 期，同年 8 月被中国人民大学复印资料全文转载。该文关于语文活动方案设计的 7 条原则，虽然是就语文而言，但其他科目的活动课也可以借鉴，这里摘要如下：

1. "活"、"动"性原则

语文活动课程设计，既要注意"活"，又要注意"动"。

语文活动课程在形式上要"活"。具体地说：（1）以课堂为阵地，但也可以走出课堂。（2）上课形式灵活多样。可以以某个问题为中心，由学生组织实施教学方案。可以以教师为主导，对生活中的某些语文现象进行剖析，或者以讲座形式介绍一些贴近生活的文学、语言知识。（3）可以采用讨论式教学方法，也可以采用常规的课堂教学方式。

"动"，要求师生双边活动到位。当然，这种动，不仅要求手动、口动，更要求"脑动"。要求学生在活动中，在获取知识信息的同时，思维能力得到锻炼。

2. 综合性原则

虽然语文活动课程中的"语文"两字，已限定它不能如杜威提倡的传统活动课程那样，每节课都做到多学科内容交叉，但是要尽量挖掘语文与其它学科交叉的内容。例如，设计教学内容时，可以顾及历史、政治、军事等内容的语文材料。

3. 课堂性原则

活动课程不排除课堂外的阵地，但是，它作为列入教学计划的课程，不能放弃课堂这个主阵地。其实，活动课程的创始人杜威又何尝放弃过课堂这个教学阵地？它所说的活动课程中心是教学内容方法的改革，而不是教学场所的转移。

4. 长效性原则

作为语文活动课程，它是语文教改的产物，是素质教育思想在语文课程中的体现。应该立足长远，为学生的终生打算，不搞急功近利那一套。语文活动课程方案的设计，应该有大语文观，注重学生语文视野的拓宽。

5. 知识性原则

任何一门课程，都要让学生获得一定量的知识。学生没有一定的知识积累，侈谈能力的培养，犹如沙上建塔一样。当然，语文活动课程给予学生的知识，要以"鲜活"为主。比如说时文赏读，又如广告词的撰写，讽刺诗的创作等，都具有鲜活性。

6. 趣味性原则

常言道，兴趣是最好的老师。要想使学生对学习产生兴趣，教材内容的趣味性不可忽视。前人在语文实践中留下大量具有趣味性的语文资料，这给我们进行语文活动课程教材的设计提供了极大的便利。

7. 创造性原则

创造，是教学的高标，从事语文教学活动，要注重学生创造性思维的培养。语文活动课程方案的设计，要注重在学生之间、师生之间创设思想碰撞的机会，使学生思想在碰撞中产生创造性的火花。语文活动课程方案设计还应引导学生自觉地探索发现，而不应只让学生接受现成的结论。

江苏省某中学的语文活动课课题实验已经告一段落。实验表明，语文活动课的开设是提高语文教学效益的最佳途径。语文活动课方案实施顺利、有效，学生学习语文的环境得到优化，视野得到拓宽，语文综合素质得到了提高。学校的电视台、广播台培养了一大批小记者、小编辑、小节目主持人、小播音员。社会实践活动使不少同学为社区精神文明建设做出贡献。高三（1）班学生贺兰，为县电视台拍摄公益广告，并出演电视散文《灯在远方》。学生的语文能力提高，还在中考、高考、习作发表以及语文类竞赛获奖中表现出来。

本课题是在学校全面展开的，没有专门设立对照班，但是，先期试验班级与其他班级作比较，仍能说明问题。

组织好综合社会实践活动

马克思主义认为，实践出真知。中学生光与书本打交道，不适当地参加社会实践，不利于知识向能力转化。目前，我国已经把综合社会实践课列入高中的必修课程。教育部基础教育司 2000 年 1 月公布的《全日制普通高级中学课程计划》（以下简称《计划》）对综合社会实践课的开设作了较为详尽的要求。

高中阶段的综合实践活动分为研究性学习、劳动技术教育、社区服务、社会实践 4 个部分。研究性学习总授课时数为 288 节，劳动技术教育与社会实践分别为每学年 1 周，社区服务可以利用校外时间灵活安排。《计划》

指出：

"开设综合实践活动旨在让学生通过亲身体验进行学习，积累和丰富直接经验，培养创新精神、实践能力和终身学习的能力。学校要从实际出发，具体安排、确定综合实践活动各部分内容和组织形式。"

"研究性学习以学生的自主性、探索性学习为基础，从学生生活和社会生活中选择和确定研究专题，主要以个人或小组合作的方式进行。通过亲身实践获取直接经验，养成科学精神和科学态度，掌握基本的科学方法，提高综合运用所学知识解决实际问题的能力。在研究性学习中，教师是组织者、参与者和指导者。"

"劳动技术教育主要对学生进行劳动观念和一般劳动技术能力的教育，进行现代职业意识、职业技能的培养和就业选择的指导。"

"社区服务主要通过学生在本社区以集体或个人形式参加各种公益活动，进行社会责任意识、助人为乐精神的教育，为社区的建设和发展服务。"

"社会实践主要通过军训和工农业生产劳动对学生进行国防教育、生产劳动教育，培养组织纪律性、集体观念和吃苦耐劳精神。学校可以结合实际，为学生走出学校，深入社会创造条件。"

研究性学习，在沿海地区开展得较好。许多学校的学生在教师的指导下，选择环境保护、用字规范、植物良种培育等课题进行研究，取得了丰硕的成果。有些学校的学生在研究性学习中取得了令人欣喜的成果。南京师范大学附中的学生在哲学研究方面成效显著，学校还编辑了学生哲学论文集。有些地区的科学实验小组，在植物栽培、品种改良方面做出了可喜的成绩。中国少年科学院的首批 13 位小院士中，不少是从事研究性学习的少年学生。

研究性学习的开展，需要教师更新观念，勤动脑筋，精心安排，悉心指导。有些学校领导和教师对研究性学习认识不到位。他们认为，研究应该是专家们的事，作为中学生，是力难能及的。其实，这种认识是错误的。这种看法过低地估计了中学生的能力，更重要的是没有认清研究性学习的目的。《计划》明确指出："研究性学习目的在于养成科学精神和科学态度，掌握基本的科学方法，提高综合运用所学知识解决实际问题的能力。"只有克服有关人员的模糊认识，才能使研究性学习深入持久地开展。

教育必须与生产劳动相结合，是我国教育方针的重要组成部分。劳动技术课的开设，是贯彻教育方针的重要措施之一。早在 1955 年，我国就设置了劳动生产课，并规定了劳动的时间。不少地区和学校开了课，并且取得了成绩。但是，毋庸讳言，由于师资、场地、经费等原因，这门课的开设还处于初级阶段。特别是应试教育的影响，给劳动技术课的开设带来灾难性后果。许多学校围绕高考指挥棒转圈圈，奉行"多考多教，少考少教，不考不教"

的原则，竟然把劳动技术课打入冷宫。

当然，我国中央教育部门，还是重视劳动技术课的开设的。1982 年 10 月 19 日，教育部颁发了《〈普通中学开设劳动技术教育课的试行意见〉的通知》（以下简称《通知》）。《通知》指出：城市中小学条件好的应逐步做到按不同年级有计划地进行劳动技术教育，如各年级可结合有关课程教学，开设植物栽培、动物饲养、木工、金工、电工、无线电技术、烹饪、缝纫、编织等劳动技术项目。农村中学一般以农业生产技术教育为主。如土壤、肥料、育种、作物及果树栽培、家禽家畜饲养等。有条件的地区可以进行农村生产、生活服务的技术项目。如农用机械维修、电视维修、电工、木工等。1987 年，国家教委颁发了《全日制普通中学劳动课教学大纲（试行草案）》和《全日制普通中学劳动技术课教学大纲（试行稿）》。大纲中分年级列出了劳动技术项目。中华人民共和国教育部基础教育司 2000 年发布的《全日制普通高级中学课程计划》把劳动技术教育课列为必修课，并要求每学年不少于 1 周。

社区服务活动，是一项受地区、经费、师资等因素限制较小的活动，可以因地制宜、因校制宜地广泛展开。不少学校在这方面已经取得了经验。例如，有些地区通过设立红领巾交通岗、认养绿地、无偿供水点、"希望工程"志愿队、敬老小组等形式，在培养学生的社会意识、助人为乐的精神方面做出了榜样。江苏省东海县中学在学生中开展"回报社会"活动，使社区服务教育之树硕果累累。不少同学的成绩喜人。

社会实践教育活动，急需加大力度。尽管当前也有些学校在搞，但是往往从实用主义出发，如重军训，轻视工农业生产劳动。因为军训能够增强学生的纪律性，有利于学校管理。至于工农业生产劳动，许多学校不以为然。有些学校尽管有生产劳动基地，也形同虚设。其实，让学生了解、体验稼穑之艰难，工人的辛苦，是十分必要的。"四体不勤，五谷不分"，是现代化新人的缺憾。教育行政部门应该建立监督机制，加大监督力度，确保社会实践活动的全面实施。

第七章

网络教育

在当今社会，Internet 已是人们耳熟能详的佳话。随着稀奇古怪的词语不断摩擦我们的耳膜，不甘落伍的你知道哪些时髦的新词儿？如果你还在纳闷，猫怎么会上网，网上怎么冲浪，什么是人们常说的狗狗，或者你还不清楚，什么是 BBS，什么又是 FTP，上了网又该上哪去找自己想要看的东西，那就别发愣了，整装待发，和我一道去逛网吧！

认识互联网

当今时代，随着信息技术的飞越发展，Internet 已经成为人们日常生活中必不可少的重要组成部分，无论你是在工作还是学习，无论你聊天会友还是休闲娱乐，甚至上至天文下至地理，都离不开 Internet 为你指点迷津。只要你有求知，善思考，只需在 Internet 上轻轻一点，便会为你开启知识的大门，使你豁然开朗。也许你会问，Internet 怎么会有如此神奇的作用呢？那么让我们从认识 Internet 的本来面目开始吧！揭开她神迷的面纱，看看她到底神奇在什么地方？来吧，亲爱的朋友们，让我们开始一段神奇之旅吧！

什么是 Internet？

有人说，上网是 21 世纪信息时代最"酷"的事。所谓上网就是进入 Internet，Internet 又称"因特网"或"国际互联网"，是一种将各种信息资源集合在一起的全球性电脑网络。对于面临信息时代的每一个中小学生朋友来说，都应当知道互联网络究竟是什么。下面就让我们揭开 Internet 神秘的面纱，看看 Internet 到底是什么？

可以这样来理解，Internet 就是全世界最大的图书馆，它为我们提供了巨大的，并且还是在不断增长的信息、资源和服务工具宝库。大家可以利用 Internet 提供的各种工具获取网络提供的巨大信息资源。任何地方的任意一个 Internet 用户，都可以从网络中获得很多信息，包括自然、社会、政治、历史、科技、教育、卫生、娱乐、金融、商业和天气预报等等各个方面。下面我们就来共同感受 Internet 的无限魅力吧！

Internet 可以帮我们做什么？

其实，随着 Internet 不断地发展，提供的服务也在不断地增加，应用领域也在不断地扩大，这里咱们就说一说中小学生朋友可以在 Internet 上做些什么。

1. 万维网冲浪（www）

万维网（World Wide Web）也就是我们常说的 www，凝聚了 Internet 的精华，展示了 Internet 最绚丽的一面，上面载有各种交互性极强、精美丰富的信息。你只需鼠标点击一下相关的单词、图片或图标，就可以迅速地从一个网页跳到另一个网页。现在，每天都有新的网站出现，大量网页每时每刻都在更新。借助强大的浏览器软件，中小学生朋友可以在万维网中进行各种丰富多彩的 Internet 活动，看看如图 1 所示的搜狐网站，上面的信息是很多的。

图 1　搜狐网站主页界面

2. 收发邮件

只要连接到 Internet，只需几秒到几分钟，电子信件就可以送往分布在世界各地的电子邮箱。那些拥有电子邮箱的朋友可以随时看到写给自己的信件，还能以附件的形式发送文件图片、声音等资料，以后我们会逐步教大家如何发送电子邮件的，先目睹一下电子邮件软件的风采吧！如图 2 所示的 www.sohu.com 中的免费邮箱界面。

3. 上网聊天

利用 Internet，你可以进入聊天室服务器，或者使用功能强大的即时聊天软件，与全国乃至世界各地的朋友们通过文字、声音，甚至是视频形式进行实时交谈，享受交友的乐趣。网络交流也可以做到"有朋自远方来，不亦乐

图2　搜狐免费邮箱界面

乎"啊。大家可以看下面这个桌面上的聊天软件，比如 QQ、MSN，还有 PO-PO，看看哪一款软件你比较熟悉。如图3所示。

图3　QQ、PDPO、MSN 主界面

4. 在线游戏

在网上，大家还可以与一位远隔重洋的高手切磋棋艺，与分布在世界各个角落的人一起玩丰富多彩的多人游戏，比如图4所示的浩方电子对战平台主页，就是全国网络电户竞技游戏高手云集的地方。

5. 文件传输

Internet 上有大量好玩的软件和让你感兴趣的文件，你可以利用方便的文件传输软件（如图5所示的"迅雷5"软件），登录到别人的电脑上，下载所需的软件

图4　浩方电子对战平台主页

和文件。通过 Internet，几乎可以让你不出家门，便可获得各种免费软件或其他好玩的东西。后面的章节我们将会教大家如何下载好玩的东西。

图5　"迅雷5"软件窗口

常用的上网方式

了解了 Internet 那么多的用处，大家是不是早就手痒痒了？Internet 的确是一个内容丰富的畅游之处，要想融入其中，应先将你的电脑连入 Internet。

Internet 的接入方式有很多种，如今比较流行的有 ASDL、小区宽带和手机上网等，用户可以根据自身情况选择自己喜欢的上网方式。

电话拨号上网

电话拨号上网是前几年相当普及的一种上网方式，具有安装和配置简单、投入成本低的优点。只要计算机上装有调制解调器（Modem），也就是咱们常听人说的"猫"。呵呵，可这是不能抓老鼠的那种哦！它之所以也叫"猫"，只是因为与英文（Modem）发音比较像。将电话线插在调制解调器的"Line"接口上，便能拨号连接 Internet，享受上网的乐趣了。如图 6 所示是模拟调制解调器。

图 6　模拟调制解调器

但是，电话拨号上网的速度较慢，且上网时电话不能使用，因此，电话拨号上网只适合于上网时间较少的个人用户。

ADSL 拨号上网

近年来随着 Internet 的迅猛发展，普通 Modem 拨号的上网速度以及 ISDN 的上网速度，已远远不能满足人们获取大容量信息的需求，用户对接入速度的要求越来越高。如今一种名叫 ADSL 的技术已投入实际使用，使用户享受到了高速冲浪的欢乐。

那么，ADSI 技术是什么呢？

ADSL（Asymmetrical Digital Subscriber Loop，非对称数字用户环路）被西方发达国家誉为"现代信息高速公路上的快车"，是我国目前应用最为广泛的一种上网方式。

小区宽带上网

小区宽带上网是目前大中城市比较普及的一种宽带接入方式，而小区则是通过铺设在楼层间的网线将宽带网络接入到用户家中。这种接入方式不再需要 Modem，用户只需一台安装有 10/100M 网卡的电脑即可。目前国内有多家公司提供这种宽带接入方式，如移动、网通、电信、长城宽带和联通等。小区用户可向小区申请宽带接入服务。小区宽带上网的初装费用也比较低，而且不需要用户设置应用软件，直接插上网线就可以上网了。

手机上网

要了解手机上网，就必须知道什么是 WAP。WAP（Wireless Application Protocal，无线上网协议）是一个全球性的开放协议，是实现移动电话与互联网结合的应用协议标准。WAP 将移动网络、Internet 及公司的局域网（LAN）紧密地联系起来，通过这种技术，无论你在何时、何地，只要打开 WAP 手机，就能得到你所需要的信息，享受无穷无尽的网上资源，是不是很方便呢？

ADSL 上网实战

ADSL 上网是目前最流行的上网方式，下面就来看看 ADSL 方式上网的基本流程和具体实现办法，赶快动手吧！

1. 申请 ADSL 业务

使用 ADSL 上网，需要开通 ADSL 上网服务业务。要你们的爸爸妈妈携带电话机机主身份证，直接去当地电信部门去询问，得到一个上网账号后才能够上网。

除了到电信局申请 ADSL 业务外，还可以到中国网通、中国铁通、中国长城宽带等申请 ADSL。

2. 如何安装网卡

第一步：由于 10M 网卡速度太慢，而 100M 网卡价格又较高，所以目前市场上的主流网卡还是 10M/100M 自适应网卡和 100M 网卡。建议购买 TP-Link 和 D-Link 的网卡。如图 7 所示。

第二步：这种网卡是主板自带的，将网线的水晶头插入主板相应的网卡接口里，就可直接使用了。驱动盘中相应的一个适合自己需要的网卡。一般在主板上左上侧有 2 ~ 4 个 PCI 插槽，将网卡的金手指插入主板的任意一个 PCI 插槽中即可使用。如图 8 所示。

3. 连接 ADSL Modem

网卡安装完毕后，还需要连接 ADSL Modem。对于 ADSL，大多数用户都会觉得挺神秘的，第一次使用基本上都是电信局派人来上门安装，要是以后由于各种原因需要用户自己安装时怎么办呢？其实 ADSL 的安装并不复杂，下

主板集成网卡接口

图7　网卡　　　　　　　　　　　　　图8　集成网卡

面就来讲一讲怎么完成整个安装过程。

我们现在假设你已经备齐了以下这些东西：

一个 ADSL 调制解调器，一个信号分离器（又叫滤波器），另外，还有两根两端做好 RJ11 头的电话线，一根两端做好 RJ45 头的五类双绞网络线。

准备好了吗？

下面我们就动手吧！连接 ADSL Modem 的具体步骤如下：

第一步：将电话线插接到 ADSL 分离器上标有"Line"字样的接口上。

第二步：将其中一根电话线的一端插接到分离器上标有"Phone"字样的接口上，另一端则连接电话机。

第三步：将另一根电话线的一端插接到分离器上标有"Modem"字样的接口上，另一端则插接到 ADSL Modem 上标有"Phone"字样的接口上。

第四步：将网线的一端插接到 ADSL Modem 上标有"Enet"字样的接口上，另一端则插接到网卡接口上。

第五步：将购买的 ADSL Modem 时附带的电源插接到 ADSL Modem 的电源插孔中，整个连接过程便完成了。

电源接通后，如果 ADSL Modem 和网卡上的指示灯都亮，则表示连接正常，否则就有问题，需要进行故障排查。

4. 创建拨号连接

一切就绪啦！可以上网冲浪啦！别急，还要在电脑上创建一个新的拨号连接即可。下面就以 Windows XP 系统为例，建立 ADSL 拨号上网连接的具体操作步骤如下：

第一步：打开"网络连接"窗口。用鼠标右键单击桌面上的"网上邻居"图标，在弹出的快捷菜单中选择"属性"命令，打开"网络连接"窗口，如图9所示。

图9 "网络连接"窗口

第二步：创建新连接。在窗口左侧的"网络任务"栏中单击"创建一个新连接"，弹出"新建连接向导"对话框，如图10所示。

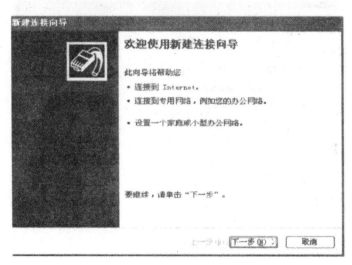

图10 新建连接向导1

第三步：单击"下一步"按钮，在弹出的向导对话框中选择"连接到 Internet"选项，如图 11 所示。

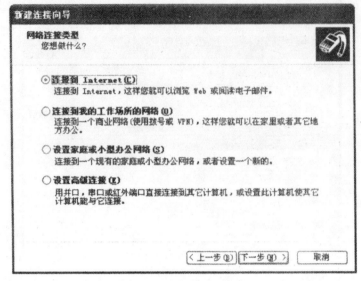

图 11　新建连接向导 2

第四步：单击"下一步"按钮，在弹出的向导对话框中选择"手动设置我的连接"选项，如图 12 所示。

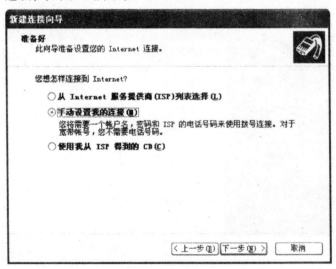

图 12　新建连接向导 3

第五步：单击"下一步"按钮，在弹出的向导对话框中选择"用要求用户名和密码的宽带连接来连接"单选项，如图13所示。

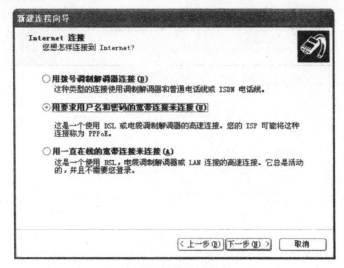

图13 新建连接向导4

第六步：单击"下一步"按钮，在"ISP名称"文本框中填写内容，如"ADSL"，如图14所示。

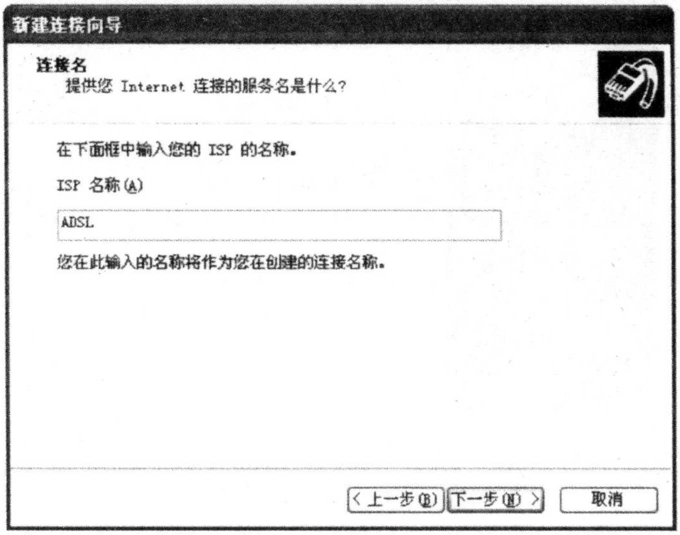

图14 新建连接向导5

第七步：单击"下一步"按钮，在"用户名""密码"和"确认密码"文本框内输入相应的内容，如图 15 所示。

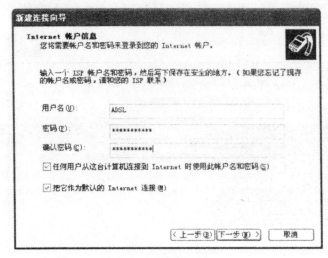

图 15　新建连接向导 6

第八步：完成操作。单击"下一步"按钮，在弹出的向导对话框中选择"完成"即可，如图 16 所示。

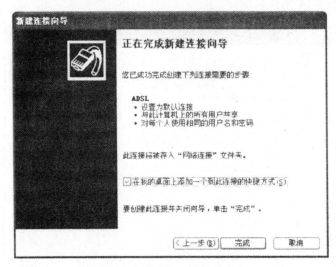

图 16　完成新建连接向导

5. 实现上网

好，终于可以上网了！从连接 Internet 开始吧！

（1）连接 Internet。

用鼠标双击桌面上的"ADSL"快捷方式图标，在打开的"连接 ADSL"对话框中输入登录信息，单击"连接"按钮，即可通过 ADSL 连接到 Internet，开始咱们的网络之旅了！如图 17 所示。

（2）断开连接。

在不使用网络时，可以断开当前的网络连接，使用鼠标右键单击桌面右下角"任务栏"中的网络连接图标，在弹出的快捷菜单中选择"禁用"命令，网络连接便会断开，如图 18 所示。

图17　"连接 ADSL"对话框

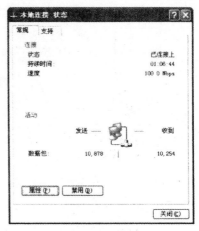

图18　断开连接

上网从 IE 开始

好了，现在咱们面前摆放的就是一台可以上网冲浪的电脑了！但是，你会发现，咱们连上网以后，计算机好像没有什么特别的变化。那前面那些漂亮的网页是怎么出来的呢？我们怎么浏览不同的网站呢？不要着急，我们下面就介绍如何用 IE 浏览器来浏览网页。

1. 认识 IE 的操作界面

如果你要浏览一个网页，就一定需要一个浏览软件。其实，浏览器软件有很多种，不过最常用的还是 Windows 操作系统自带的 In-ternet Explorer，简称为 IE。因为这个浏览器捆绑在 Windows 操作系统中，所以只要你安装了 Windows 系列的操作系统，就等于安装了该浏览器，使用起来非常的方便。我们现在就以 IE6.0 在 Windows XP 为例，来简单介绍一下它的使用技巧。

（1）启动 IE 浏览器。

❖最简单常用的一种方法，用鼠标双击桌面上的浏览器图标 即可。

❖单击屏幕左下角快速启动栏 里的 图标。

❖选择"开始"→"Internet Explore"命令启动。

（2）IE浏览器的界面组成。

让我们来看看都由哪些部分组成呢？IE浏览器主要由标题栏、菜单栏、工具栏等部分组成，如图19所示。

图19　IE浏览器窗口

❖菜单栏：提供所有上网的设置或操作命令。

❖工具栏：这些工具按钮提供了浏览网页时常用的功能。

❖状态栏：位于窗口底部，状态栏会适时地显示当前网页的状态。

❖地址栏：通过输入网页的网址来打开 WWW 网站。

❖页面显示区：即我们看到的窗口主体部分，显示打开网页的信息。

❖水平、垂直滚动条：拖动滚动条可以将被遮盖的页面显示出来，方便浏览整个页面信息。

2. 浏览网页

通过 IE 浏览器，我们就可以在 www 畅游无阻啦，那么怎么打开网页呢？别急，有以下几种方法可以打开网页。

（1）通过地址栏打开网页。

这是打开网页最普通的一种方法。若初次打开某个网站，应在 IE 浏览器的地址栏中输入该网站的网址；若打开曾经访问过的网站则可以在地址栏的下拉列表框中选择要浏览的网页。例如在打开的 IE 浏览器的地址栏中输入"http：//www.sohu.com"，按下回车键，则可打开搜狐首页。如图20所示。

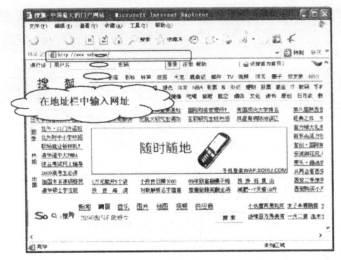

图 20　搜狐界面

（2）通过超链接打开网页。

　　我们如何从一打开时显示的主页转到网上其他页面上去呢？其实，你只要用手在浏览器窗口中轻轻移动鼠标，当鼠标箭头变成手形时单击鼠标，你就可以跳转到小手所指的内容链接的网页。在网页上轻点鼠标就能把丰富多彩的世界展现在眼前，而把引领我们在这个美丽世界中穿梭的就是"超链接"。单击不同的超链接，可以浏览不同的网页。

　　连上网页之后，浏览器的页面显示区域就会出现指定的网页内容，如果画面上显示"无法显示网页"之类的错误信息，可能是你的网址打错了，或者是在网络上目前找不到那台计算机，你可以稍后再试试。在后面我们会介绍到很多网站的网址，大家只需要按照上面所说，在地址栏输入网址并回车，就 OK 了！

（3）利用搜索工具栏浏览网页。

　　还记得在 IE 操作界面中的搜索工具栏吧！下面有几个非常好用的工具按钮。下面我就通过此工具栏教大家几招好用的浏览技巧，以及如何换掉 IE 现在的主页。如图 21 所示。

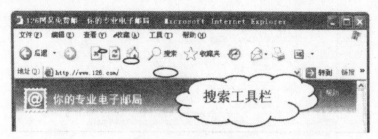

图 21　126 免费邮箱主页

❖后退按钮与前进页按钮

标准工具栏上的前进、后退按钮，可以让你灵活在浏览过的网页之间快速的前进后退。

❖停止与刷新按钮

在连接某个网站的时候，如果正好遇上上网高峰，很可能浏览器过了半天也没有多大动静，什么内容都看不到，这个时候，你可以点击停止按钮来暂停资料的传输，免得浪费太多的时间。

另外，当你登录一些类似论坛的网站时，网站的内容是实时更新的，这就需要经常重新刷新网页，我们可以按按钮，来随时取得最新的页面信息。如果有时候下载一个页面，传输结果不好（比如只出来了半张图片），也可以点这个按钮，将网页重传一次。

❖自定义 IE 主页

无论何时，只要你按下按钮，IE 都会回到起始页面，也就是 IE 刚刚启动时显示的页面。当然，这个起始页面是可以由我们自己设置的。比如你想把起始页面设置为搜狐网站，其方法如下：

第一步：选择单栏中的"工具"→"Internet 选项"命令。如图22 所示。

第二步：弹出"Internet 选项"对话框，在"主页"选项组中的"地址"文本框中输入搜狐网站的地址即可。如图23 所示。

单击"确定"按钮完成主页设置。

下次你再运行 IE 或者按下按钮时，就会直接看到搜狐网站主页了。图1－23"Internet 选项"对话框

3. 使用浏览器的历史记录

在互联网上逛了一段时间以后，你一定也发现了很多让你乐不思蜀的网站，却又因为 IE 前进后退的功能不能延续到下次启动 IE 而苦恼。别担心，IE

图22　选择"Internet 选项"

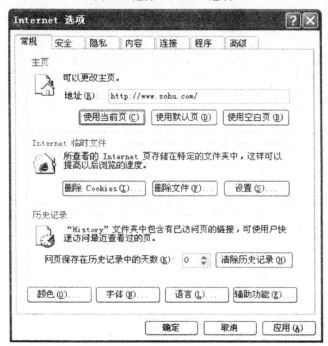

图23　"Internet 选项"对话框

专门设置了历史记录工具栏来解决这个问题。

所谓历史记录工具栏，说穿了就是一个放置最近 20 天内你所浏览过网页的历史文件夹，其特别之处并不只因为它保存你最近查阅过的网页捷径，主要还因为它提供的查看和搜索功能，让你能很快地回到最近曾去过的网站。

（1）打开历史工具栏。

按下工具栏上的 ❸ 按钮，就可打开历史记录工具栏了！如图 24 所示。

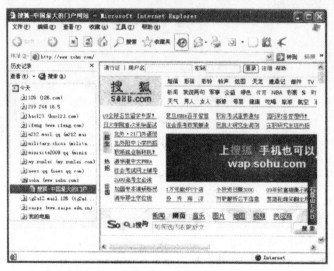

图 24　搜狐主页

在"历史记录"栏中单击要浏览的网页名称，即可快速打开相应的网页。如果"历史记录"栏中显示的站点太多，可通过单击"查看"按钮，在弹出的快捷菜单中，选择不同的排列方式进行查看。如图 25 所示。

（2）历史文件夹的设置。

在历史记录工具栏中所看到的网页资料，都来自于历史文件夹。如果你想雁过无痕，清除你的浏览记录，那么执行"工具"→"In－temet"命令，切换至"常规"选项，就可以自行设置历史文件夹要保留几天内的资料，或是清除所有的资料。如图 26 所示。

4. 收藏实用的网址

虽然我们有了历史记录工具栏，可以轻易查看以前访问过的网站，避免了记录一长串的网址，但是好像还是有种在"垃圾堆"里找东西的感觉！毕竟访问过的网址按日期堆放在一起，好像一点规律都没有啊，而且其中有些很好的网站也混在其中，老是到垃圾堆里找宝贝，谁愿意啊？IE 使用起来是不是不太方便啊？怎么办呢？

其实不难，IE 提供了一项便利的工具——"收藏夹"，让你可以将所有

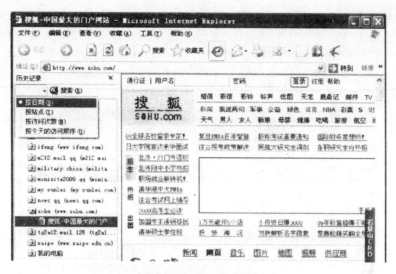

图25　查看历史记录

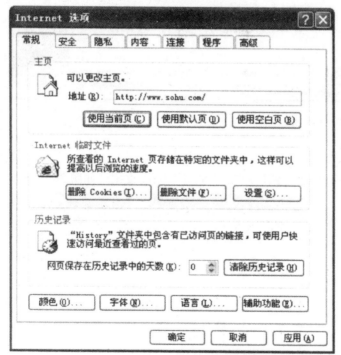

图26　"Internet 选项"对话框

喜爱的网站通通加入其中，既免去每次都要输入网址的麻烦，也可以快速打开需要浏览的网页。收藏网址的具体操作步骤如下。

第一步：启动 IE 浏览器，在 IE 地址栏中输入需要收藏的网页地址，如 http：//www.ifeng.com/并进入该网页。

第二步：在网页窗口中选择"收藏"→"添加到收藏夹"命令。如图 27 所示。

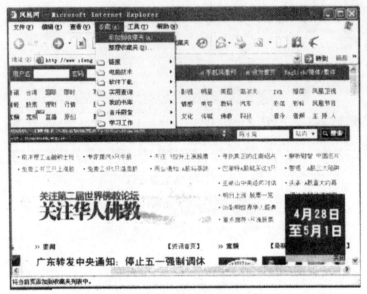

图27　选择"添加到收藏夹"

第三步：在打开的"添加到收藏夹"对话框中的"名称"文本框中接受默认名或重新取名，然后单击"确定"完成收藏。如图 28 所示。

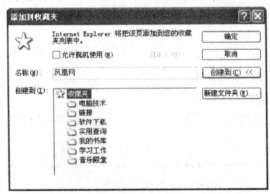

图28　"添加到收藏夹"对话框

就是这么简单，你可以试着打开几个喜爱的网站，然后将其加入自己的收藏夹中。

当你想要浏览收藏夹中的网站时，只要弹出"收藏"菜单，然后单击该网站名称，不管你在任何网站 IE 都会立刻为你链接到该网站。

好！这下又有问题了，如果只是一味地将网站加入"收藏"菜单中，那么要不了多久，"收藏"菜单就会变得又臭又长，反而失去其方便性了。所以最好是替它"分门别类"一下。

我们可以在一开始，即把网站加入收藏夹的时候进行分类。如图 29 所示。

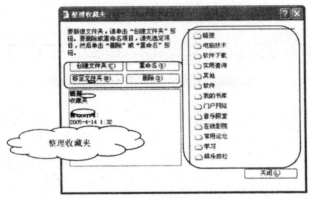

图 29　"整理收藏夹"对话框

强烈建议同学们要定期对你的收藏夹进行整理。执行"收藏"→"整理收藏夹"命令弹出如图所示的窗口。如图 29 所示。在这里可以创建、重命名和移动、删除收藏的网页及文件夹，对所收藏的网址管理起来就非常的方便了，重要的是帮助你养成有条理的好习惯。

5. 保存网页内容

中小学生在浏览 Internet 信息时，会经常发现很多对自己学习有用的内容，因此需要学会如何将网页中的有关信息保存到自己的电脑上，下面将详细讲解整个网页和保存网页中局部内容的方法。

（1）保存当前整个网页。

打开自己喜欢的网页，将其保存在电脑上。保存的网页可以用浏览器打开，也可以用网页制作软件 FrontPage、Dreamweaver 打开进行修改，还可以为以后制作个人主页准备资料和素材。

下面，我们举一个例子，讲解保存网页的方法。

第一步：另存网页。在打开自己喜欢的网页后，若要保存该网页，可选择"文件"→"另存为"。如图 30 所示。

图30 另存网页

第二步：执行保存。打开"保存网页"对话框后，选择保存位置并输入文件名，然后"保存"按钮。如图31所示。

图31 "保存网页"对话框

第三步：弹出进度对话框。系统自动打开"保存网页"对话框，并显示目前保存的进度，待保存完毕后该对话框将自动关闭。如图32所示。

图32 保存进度

（2）保存网页中局部内容。

使用IE浏览器除了可保存整个网页外，还可以将网上浏览到的某些精美图片或某一段文本等网页中的局部内容保存到电脑中。

❖保存精美图片

在网页中看见漂亮的图片，可将其保存到电脑中，供以后使用。下面将介绍如何把这些漂亮的图片保存到自己的电脑硬盘中。

第一步：在网页上看到漂亮的图片时，可将鼠标光标移到该图片上，单击鼠标右键，选择"图片另存为"命令。比方说，在打开的"百度图片"中搜索足球明星。如图33所示。

图33　选择"图片另存为"命令

第二步：弹出"保存图片"对话框后，选择"保存位置"并输入文件名，并选择"文件格式"，然后单击"保存"按钮即可。如图34所示。

图34　"保存图片"对话框

❖保存文本

保存网页中的文本的方法是将需要保存的文字内容选中后，使用"复制"

命令并"粘贴"到 Word 和记事本中进行保存，也可以在选择文本后直接用鼠标拖动到 Word 和记事本中，再进行保存。具体步骤如下。

第一步：选中所需文本，然后鼠标右击，在弹出的快捷菜单中选择"复制"命令。如图 35 所示。

第二步：打开写字板或 Word，在鼠标在文本编辑区单击右键，在弹出的快捷菜单中选择"粘贴"命令。就可以将文本拷贝至 Word 文档中，按下 Ctrl＋s 保存即可。如图 36 所示。

IE 使用起来是不是很方便啊？那还不赶快行动起来，开始去网上冲浪吧！

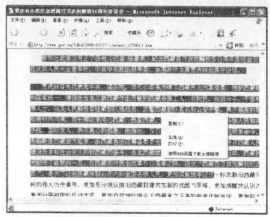

图 35　复制文本

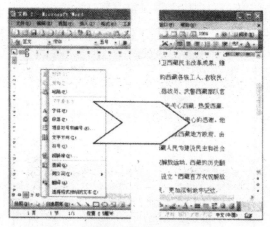

图 36　粘贴文本

第八章

信息资源的利用

科学家称，21世纪是信息时代。互联网上最重要的东西莫过于信息，当我们进入互联网时，就会感到网上有太多太多的信息，你可能花了很多时间在其中搜寻，却空手而归。Internet是一个信息的海洋，要在这茫茫网海中查找信息如同大海捞针。本章，我们就将教你如何在网上寻找你感兴趣的信息，让你每次都能满载而归。

大海捞针的搜索引擎

搜索引擎是Internet上的一类特殊网站，与一般网站的区别在于，其主要工作是自动搜索Web服务器的信息，将信息进行分类，建立索引，然后把索引的内容存放到数据库中。它为用户提供了一幅信息地图，帮助人们在浩如烟海的信息海洋中搜寻所需要的信息。

按搜索方式划分，搜索引擎大致可以有两种类型：①分类目录检索型；②基于关键词的检索型。下面就来简单介绍一下它们的原理。

1. 以分类目录为主的搜索引擎

这类搜索引擎提供了一份按类别编排的Internet网站目录。在各类下边，排列着属于这一类别网站的站名和网址链接。这就像一本电话号码簿一样，不同的是，有些搜索引擎还提供各个网站的内容摘要。下面是用"动漫"为关键词在新浪网上搜索的网站结果。如图1、图2所示。

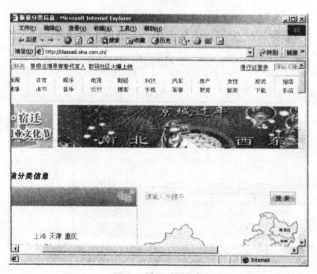

图1　输入关键字

图2　搜索结果

2. 以网页全文检索为主的搜索引擎

这类搜索引擎看起来与前一类搜索引擎的网站很相似，也提供一个文字框和按钮，使用方法也相同。但两者却有着本质的区别。以分类目录为主的搜索引擎，搜索的是 Internet 上各网站的站名、网址和内容摘要；全文搜索引擎搜索的是 Internet 上各网站的每一个网页的全部内容，范围更大。

所以，全文搜索引擎查到的结果，是与输入的关键词相关的一个个网页的地址、或一小段文字。在这段文字中，可能没有输入的那个关键词，它只是某一个网页的第一段话，甚至是第一段无法看懂的标记，但在这个网页中，一定有所输入的那个关键词，或者相关的词汇。

注意看图，我们用"中国雅虎"搜索引擎以"动漫"为关键词搜索的123003938 个结果！由此可见网页的数目非常的庞大！如图3、图4所示。

怎么样？现在知道两种不同搜索引擎的差别了吧！

不可不知的搜索网站

如果你是有心人，你将会发现在 Web 上搜寻感兴趣的专题将成为你经常的必修课，特别是，如果你的兴趣范围很广，就更是如此。那么该上哪里去找，以及怎样寻找你所需要的东西呢？究竟哪一个是最佳的搜寻网站？其实，每一

图3　Y ahoo！搜索

图4　搜索结果

个搜寻网站都有其独特的工作方式，从而搜索的结果也不同。下面将详细介绍目前应用较广的百度搜索（http：//www. baidu. com）与 Google 搜索（http：//www. google. corn）的使用技巧。

1. 百度搜索——百度一下，你就知道

百度是近年来发展很快的一个国内综合搜索网站，除了网页搜索之外，它的歌曲和歌词搜索功能也是备受推崇的，网址是 http：//www. baidu. com。在搜索前，先确定需查的资料属于什么类别，是图片，是音乐，还是文字资料。确定了资料类别，然后在百度首页中选择不同的类型选项卡，如图5所示。输入需查询的关键字，这样可快速查找资料。下面将介绍百度搜索引擎的几种常用选项卡的作用。

图5　百度类型选项卡

（1）百度资讯。

百度资讯是包含海量资讯的新闻服务平台，真实反映每时每刻的新闻热点。你可以搜索新闻事件、热点话题、人物动态、产品资讯等，快速了解它们的最新进展。百度资讯界面见图6。

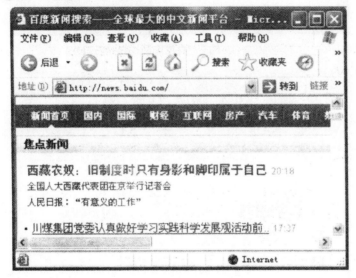

图6　百度资讯

（2）百度贴吧。

百度贴吧自从诞生以来逐渐成为世界最大的中文交流平台，它为你提供一个表达和交流思想的自由网络空间。百度贴吧界面见图7。

（3）百度知道。

这是中文搜索引擎百度自主研发的互动式知识问答分享平台。用户可根据需求，有针对性地提出问题，同时这些答案又将作为搜索结果，进一步提供给其他有类似疑问的人，见图8。

（4）百度MP3。

图7 百度贴吧

图8 百度知道

这个网站主要提供网页、音乐、图片、新闻搜索，同时有贴吧和 WAP 搜索功能。见图9。

（5）百度图片。

这里有来自几十亿中文网页的海量图库，收录数亿张图片，并在不断增

图9　百度 MP3

加中。可以搜索你想要的壁纸、写真、动漫、表情、素材、美图、新图、热图、酷图，任你挑选。见图10。

图10　百度图片

（6）百度试试看。

这里罗列了百度所有的工具，供用户方便使用。见图11。

2. Google——传说中的"谷歌"

Google 是世界上最著名的专业搜索引擎。它的界面虽然简洁，功能却十

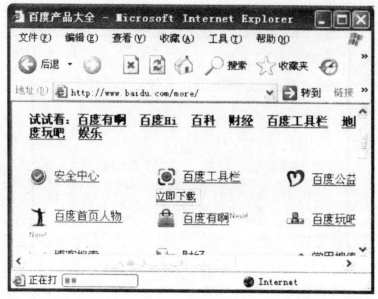

图11 百度试试看

分强大。在地址栏里直接输入 http：//www. google. com 之后回车，就可以看到中文 Google 而不是满目的英文，很方便吧！其实这也是它的一个独特之处，它可以自动识别你的电脑所用的语言。从图12可以看到"谷歌"的界面相当简洁，喜欢它的人还亲昵地称呼它为"狗狗"。下面我们就用这只网上的"狗狗"来搜东西吧。用"狗狗"搜索的结果见图13。

Goode 的功能是非常强大的，除了这样的一般搜索，还可以进行图片搜索呢！大家可以根据自己的需要，选择合适的搜索引擎和检索方式。

怎么样，很方便吧！你可以自己试一试上述几种不同的搜索工具，看你喜欢哪一个。

下载网络资源

在无限广阔的网络世界中，除了浏览丰富多彩的信息之外，还可以随意下载需要的网络资源。本章主要介绍常见的网络下载方式，以及使用下载工具下载网络资源的方法和技巧。

1. 利用 IE 浏览器直接下载网络资源

当需要从网上下载一些常用的小软件或音乐等资料时，利用 IE 浏览器直接从网站上下载最省事了。IE 浏览器直接下载就是在网页上单击相应的下载超链接，在随即打开的对话框中，根据系统指示指定好该文件存放在自己电

图 12　强大的 Google 搜索引擎

图 13　用 Google 搜索"福尔摩斯"

脑的目标位置即可下载。接下来，我们就一起来学习用 IE 浏览器直接下载所
需资料的方法。

通过 IE 浏览器直接下载迅雷 5.0 软件的方法如下：

第一步：进入迅雷在线网站，在地址栏中输入迅雷在线的网址（www. xunlei. com）。打开迅雷在线网页。如图 14 所示。

图 14　迅雷在线界面

第二步：单击"本地下载"超链接。在打开的网页中找到如图所示的位置，再单击"本地下载"超链接。如图 15 所示。

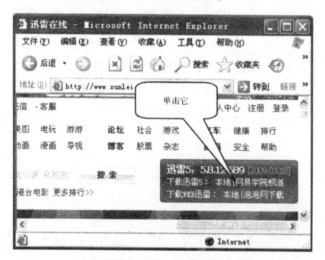

图 15　点击下载迅雷

第三步：保存文件在打开的"文件下载—安全警告"对话框中单击"保存"按钮。如图 16 所示。

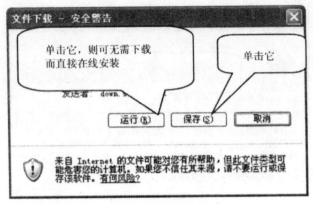

图16　保存文件

第四步：确定下载位置和文件名。如图17所示。

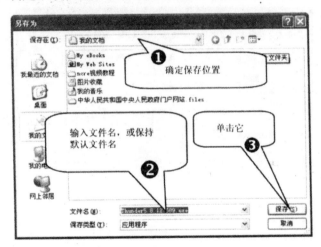

图17　"另存为"对话框

第五步：显示下载进度。如图18所示。

第六步：查看下载文件。如图19所示。如果要安装迅雷软件，双击其图标，然后会弹出其安装向导，按照向导提示即可将其安装到自己电脑上。

2. 不可不知的下载工具——我的快车道

一般来说使用IE下载文件速度很慢，而且下载中途断掉就得从头再来，加上国内的因特网是目前世界上最慢的网络之一。许多人通过网络下载资料，面对几个字节的下载速率，真是欲哭无泪！为了让下载的速度得到提高，人们一般使用专门的下载工具，它们一般有非常全面、实用的功能，如断点续传、下载任务管理、定时下载，以及下载任务完成后自动关机等功能，下载的速度也

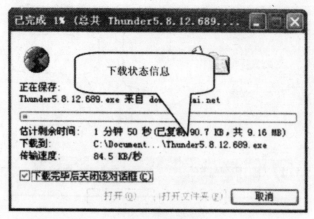

图 18　下载进度

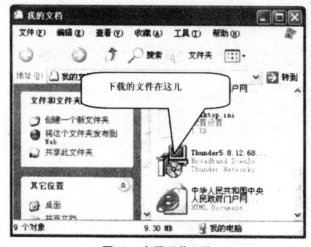

图 19　查看下载文件

远超过了 IE 浏览器的下载速度。目前比较流行的下载软件有迅雷、FlashGet（网际快车）、BT、eMule 等。

（1）使用迅雷下载文件。

注意，使用迅雷软件首先要安装它。下面我们就来看看如何利用迅雷软件下载所需资料。

第一步：查找"联众世界"。在百度中搜索"联众世界"的网页。打开"联众世界下载中心"网页。如图 20 所示。

第二步：选择下载超链接。选择一个"联众世界"程序，鼠标单击，便会自动打开 web 迅雷任务窗口。图 21 所示。

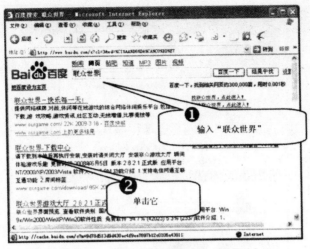

图20　"联众世界下载中心"网页

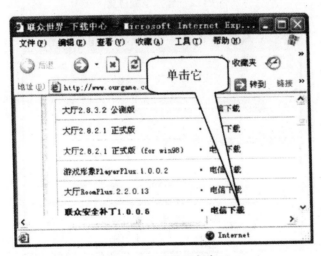

图21　web 迅雷任务窗口

　　第三步：选择文件的下载位置。在打开的对话框内单击"浏览"按钮，选择保存文件的位置，在"另存名称"文本框中输入文件名称。单击"确定"按钮即可进入下载状态。如图 22 所示。

　　第四步：进入迅雷下载页面。在打开的迅雷下载页面中就可看到要下载文件的信息了，等到下载进度到 100%，说明这个文件已经下载到 Web 迅雷指定的下载文件夹中了。如图 23 所示。

图 22　选择下载位置

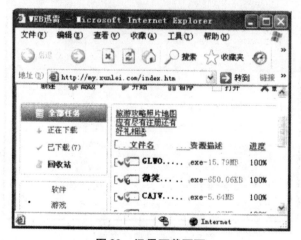

图 23　迅雷下载页面

（2）BT 下载更快捷。

BT 下载是一款资源共享型的下载软件，它改变了传统的下载方式，下载资料的电脑越多，共享出来的资源就越多，下载速度也会越多。

下面用 BitComent8.0 软件在中国 BT 联盟（http：//search. btchina. net）下载英语学习软件。

第一步：在打开的浏览器中输入网址 www. search. btchina. net，按回车打开网页后，在指定位置输入"英语学习"，单击"开始搜索"。如图 24 所示。

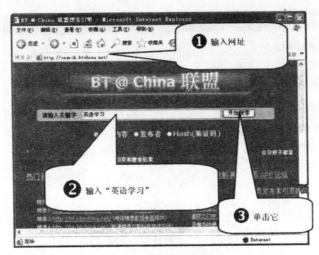

图 24　BT 联盟下载界面

第二步：下载种子文件。在打开的网页中单击下载软件的超链接。如图 25 所示。

图 25　下载种子文件

第三步：在弹出的"下载任务"对话框中单击"浏览"按钮，选择保存文件的位置。单击"确定"按钮即可打开下载主界面。如图 26 所示。

第四步：在打开的 BT 下载主界面中，我们可以看到该下载文件的相关信息，如文件下载进度。如图 27 所示。

哇！真棒！以后需要什么学习软件、视频、书籍，都可以从网上下载了，既方便又可以替爸爸妈妈省钱！太好了，赶快行动吧！

图26　"下载任务"对话框

图27　BT 下载主界面

第九章

安排好考前复习

不管是什么考试，我们都要做好考前复习工作。可以说，考前复习是准备考试过程中最重要的一个环节。不过，到底应该怎样安排复习，复习中要注意哪些问题，这里面还是有不少学问的。只有掌握科学的复习方法，考试才会变得容易。

考前复习很重要

如果问你这样一个问题，你一定感到奇怪，考前复习谁不会啊，每次考试不都要复习吗？可别小看了这个问题，能不能做好复习，不仅会直接影响我们的考试成绩，更会关系到我们有没有真正掌握学过的知识。那么，什么样的复习才是好的复习呢？

先来看一个事例。马上又要进行期末考试了，眼看着时间一天天过去，小杰越来越着急，觉得自己还有好多内容没看呢，但是又不知道从哪里下手。他一会儿看看数学，一会儿翻翻英语，东一榔头，西一棒槌，心里面七上八下的，什么也没看进去。情急之下，他就跑去找帆帆。

帆帆平时成绩很好，这会儿也是一副胸有成竹的样子，一点儿也不紧张。看到小杰焦急的表情，帆帆拿出了自己的复习笔记本，小杰一看，各科都做得很整齐，里面有各种各样的记号和图表，每门课的知识点都归纳总结得清清楚楚。帆帆微笑地对小杰说："复习一定要有系统。""系统？"小杰有些疑惑。帆帆就跟他解释说："我们平时学习各门课都是一章一节分散着学的，可是，考试的时候考的都是一个学期或者半个学期的课程，内容很多，这个时候就要把这些分散的内容放在一起，找出它们之间的联系，把它们组织成一个整体系统，这样既便于记忆，又便于运用，心里面有底了，考试也就不会慌了。"小杰忽然有一种豁然开朗的感觉，知道自己该怎么复习了。

帆帆给我们指出了复习的一个基本道理，那就是考前复习是一种系统复习。当我们把学过的知识组织成一个系统，掌握了各个知识点的来龙去脉和相互关系的时候，我们就会有一种胸有成竹的愉快的感觉，自然就不会担心考试了。这就是系统复习的奥妙。它让我们从大的地方（比如说课本的目录，章节的结构）着手，再一点点扩散到小的知识点，于是看起来没有什么关系的各个知识点，互相连接成一个"系统"，很容易就掌握。这比我们死记硬背一个个知识点可是强多了。

著名数学家华罗庚有一个说法，读书有一个从"把书看厚"到"把书看薄"的过程。我们每天都在学习新知识，新知识不断积累，这就是"把书看厚"；复习的时候我们把这些知识消化整理，进行总结，把知识系统化，这就是"把书看薄"。明白了这个道理，不只是考试，就是以后的学习，也会受益无穷呢。

古代那些信佛的人们平常都要在佛像前面烧香火，祈求佛祖的保佑。如果不是诚心信佛，等到灾祸来临的时候再来抱佛脚，那佛祖如果有灵，肯定是不会理睬的。我们做任何事情都要把希望寄托在平时的努力上，不能等到最后关头再来应付，复习也是一样。

也许有的同学会感到奇怪，复习不就是为了考试才做的嘛，平时也要复习？

就拿我们前面说的小杰来说吧，他听了帆帆的一席话之后，明白了系统复习的道理。但是等他开始着手准备的时候，才发现自己有些力不从心。毕竟时间比较仓促，而要复习的内容又那么多，即使把课本从头到尾看一遍，也要花不少时间呢。小杰暗暗下定决心，下学期一定要平时就随时进行系统复习，不要等到考试的前几天再来准备。

正因为复习是把学过的知识进行系统的整理，所以平常就要随时进行。要不然没有消化的知识越积越多，后面复习的负担就会越来越重。最好当天的课程当天就能消化，结合老师的讲解和课后的习题，把刚刚学过的知识好好总结一番，看看它们和前面的内容有什么关系。如果我们每天都做这样的工作，学习中就不会留下什么漏洞，就不会影响我们后面的学习，考前总复习的时候就不会感到紧张了。

还有一些课程，这一部分和下一部分之间看上去关系不大，前一部分学习中遇到的问题，对后一部分课程的学习不会造成太大影响，比如说物理课中的力学和电学。如果我们学完力学后不及时进行系统复习，学电学的时候发现不了学习力学时存在的问题，那么这些问题就会一直遗留下来，说不定要等到期末的总复习，甚至中考的总复习时候才会被发现。那个时候再来弥补负担就会很重了，因为总复习的内容本来就很多，再加上当初学习力学的情形，后来也许都忘记了，所以可能要花好几倍的时间才能解决这些问题。平时进行系统复习，就会及时地发现和解决这些问题，最后复习的时候压力就会小很多了。

大家一定都看过跳远的比赛，我们知道运动员助跑越长，就会跳得越远。考试也是一样，助跑就像平时的复习一样，平时复习得越多越好，最后考试就会取得越大的飞跃。

要制订复习计划

凡事预则立，不预则废，复习也是这样。试想，如果没有一个好的复习计划，复习的时候就不知道该从哪方面切入，也不明白自己该加强哪方面的知识、弥补哪方面的不足，这样，复习就不能取得好的效果，考试考不好也是在意料之中的。因而，制订一个好的复习计划，跟着计划走，成功地完成复习，在考试中取得好成绩也就是理所当然的了。

期末考试还有两个星期就要开始了，小刚决定从今天开始要好好复习功课。这两个星期，小刚也花了不少时间来复习课本知识，做习题，还做笔记。可是最后考试的成绩并不是很理想。小刚很纳闷，觉得自己也还挺用功的，为什么还是考不好呢？

许多同学可能都有小刚类似的苦恼，花了不少时间却没有达到预期的效果，这就说明复习的效率不高。

那么，怎么才能提高我们复习的效率呢？要提高效率，就要求我们把时间充分利用起来，让每一分钟都有收获。要做到这样，就要学会做计划。

做计划，就是让我们先设定一个目标，然后在一定的时间内，安排好实现这个目标的具体步骤。每一个步骤要做些什么，准备花多少时间，都要预先计划好。我们只要一步一个脚印按照预先的计划去做，一步步朝自己的目标努力，最后一定会有收获。

有了复习的计划，我们就等于有了一个时间表。我们平常的学习都是按部就班的，而在按照计划进行复习的时候，我们给自己每天甚至每个小时都下达了具体的任务，这样就会调动起自己复习的积极性，激发自己的潜能，督促自己集中精力完成任务，复习的效率自然就大大提高了。

有了复习的计划，复习就不会是三天打鱼，两天晒网了。我们每天都给自己规定了复习的时间和内容，这样就会养成一个良好的复习习惯，每天都坚持下来，日复一日，我们的实力就会越来越强。

那么，应该怎样制订一个好的复习计划呢？

首先，制订复习计划要量体裁衣。所谓量体裁衣，就是要根据自己平时的学习情况，结合自己的作息时间、学习场所等各方面的因素，制订一个属于自己的学习计划表。

在制订复习计划之前，要先问问自己，是否存在偏科现象，各学科的薄弱环节又在哪里。对于薄弱环节和把握不牢固的学科，我们可以多安排一些时间和精力在上面。同时，也要兼顾自己的生理状况，想一想自己一天中的学习低高潮是什么时候，自己的作息时间如何，必要的睡眠时间是多少等等，找出自己一天中的最佳时间，从而安排复习的最佳时间段。除此之外，还可以借鉴老师、同学的复习计划中适合自己的某些方面。这样，复习计划的基本轮廓就出来了。

其次，复习计划要详尽。从复习到考试这段时间，我们该按照怎样的步骤加强巩固学过的知识、提高弱项、弥补不足呢？

在复习计划里，我们可以把所要复习的学科内容大体划分为几个阶段，如：重读课本，笔记整理，试卷重做，专题提高，回归教材，或者是将复习分为四轮，如：梳理知识阶段，综合系统提高阶段，考练结合阶段，常识记忆阶段。大致内容划分完后，可以具体地安排短期内的复习计划，如：本周内，外语复习哪些内容，解决哪些自己不会的东西，每天大体上干什么等。

第三，复习计划要留有余地。制订复习计划要详细的同时，也要给自己留有余地，不要"满打满算"。

俗话说，计划赶不上变化快。计划毕竟只是一个写在纸上的东西，而我们的日常生活包括复习却是千变万化的。生活有时候会和我们玩捉迷藏，给我们出一些问题，而这些问题又不是在我们计划之中的。因此，复习计划要相对宽松，有自由的时间和余地。

让我们来看看小红今天晚上的复习时间安排：

晚上7点到8点复习数学。

8点到9点复习英语。

9点以后的时间留给语文。

这样的时间安排得太紧了，完全不给自己留一个发挥的余地。单以时间上考虑，从数学到英语再到语文，中间没有休息的时间，这样"轮轴转"很容易使人感到疲劳。从复习的进度上讲，如果在复习的过程中出现了难题，而到了规定的时间里，这道难题还不能解决，这时，是要放弃这道难题直接跳到下一个科目的复习呢？还是先把这道题解答出来？这就需要调整计划，在各科目的复习后，给自己一段休息的时间，这样不仅可以让自己缓口气，清醒头脑，而且还能根据复习的难易灵活调整复习时间。

第四，复习计划要兼顾全面。有的学生对喜欢的科目就先复习，不喜欢的科目放在后头，或者是把自己的强项放在前面复习，弱项的复习受到影响，导致强项越来越强，弱项始终没得到实质性的提高。有很多学生在复习的过程中，把大部分的时间和精力放在做难题上，而忽视了基础知识的巩固，最后出现基础知识不牢固的情况。

其实，每个学生都有自己的强项和弱项，即便是在同一科目内，有掌握得好的方面，也有掌握得不好的方面。怎样才能做到既保持了强项，又使弱项得到提高呢？这就要求我们在制订复习计划的时候，合理地安排时间。不论哪一科，基础知识是基石，也是考试得高分的根基，因而，制订复习计划时，一定要注意，要有充足的时间留给基础知识。

复习计划的执行

眼看又要进行期末考试了，翔翔看着书桌上堆积成山的课本和各种参考资料，心中直犯怵，这么多书，什么时候才能看完啊！翔翔也给自己制订了一个复习计划，但心中还是有些犯难，一想到要考这么多内容，就感觉有座大山压得自己喘不过气来。这种情绪弄得他连复习动力好像也没有了，怎么办呢？

我们是不是也经常碰到与翔翔同样的问题呢？考试就像一个庞然大物拦住了我们前进的道路。这个时候，我们所要做的就是无视它的存在，把它分解成一个个小不点儿，即短安排，然后一步步把这些小不点儿轻松搞定。

我们前面谈到制订复习计划要具体到每一天，其实也正是这个道理。复习计划制订得具体和细致，实际上就是把考试这个大目标分解成一个个小目标，每一个小目标都不是很难，通过自己稍稍地努力就可以达到。等到我们每一个小目标都实现了以后，考试这个大目标自然也就不在话下。

我们在复习各种具体知识的时候，也会有同样的体会。如果一股脑儿把所有内容都装在脑子里，那肯定会弄得自己头昏脑涨，各种知识像糨糊一样搅和在一起，到最后啥也记不住。如果我们把要复习的内容分解成一个个小块，然后一点点去记忆和消化，那就轻松多了。

这就是长计划与短安排的道理。

这种做法要求我们制订计划的时候，一定要细致，学会把大的目标分解成小的目标。这些小的目标不能太难，但也不要太容易，可以推动自己进步，稍稍难一点儿，但又通过努力可以实现的。这样我们既能够建立起信心，又不会太松懈，能够始终保持一定的强度，这对我们的复习才是最有利的。

把复习计划细化还有一个好处，就是有利于我们随时调整。俗话说得好："船小好掉头"，如果复习的过程中发现自己的大目标有问题，我们就可以通过一个个小目标随时进行调整。要是一开始的计划制订得太粗疏又太死，那么调整起来就很难了。"千里之行，始于足下"，就让我们从小处开始吧。

现在我们已经学会如何制订复习计划。不过，一个好的可行的计划还只是刚开头而已，关键是计划还要靠我们去实施，再好的计划如果不能实现，那就变成了一纸空文。

小强最近就遇到了一个难题。期末考试前一周学校让同学们回家复习，小强把自己的时间安排得满满的，制订了一个很详细的复习计划。然而，还没两天，小强发现要把这计划实现下去还真不是件容易的事。今天上午小强安排的是英语复习，主要是复习单词，还没背上几个单词，小强觉得有些累了，正好这时候隔壁的小伙伴来找他玩，小强想正好可以出去放松一下，没想到这一放松一上午时间就过去了。上午的任务没完成，也会影响到后面计划的执行，小强为此很是烦恼。

相信小强的烦恼许多同学都有过。那么怎么才能提高自己的自制力，让自己能够按时完成计划呢？

这就需要我们下定决心，给自己定下时间期限，一定要在规定的时间内完成任务，决不拖延，一个任务不完成决不开始下一个，哪怕为此影响到吃饭睡觉。我们在制订复习计划的时候，要把每一项任务都规定好时间，列成日程表，用具体的时间表来督促自己，可以增强我们的意志和行动力，让我们全身心地投入到复习中去。

其实有时候计划没能实现，不是因为我们的能力不行，而是因为我们根本没有去做，或者根本就没有做完。我们一定要有决心和毅力，要把制订好的计划踏踏实实地执行下去。

复习确实是一件比较枯燥艰苦的事情，我们也不是说整天都要坐在书桌旁复习。为了更好地完成任务，我们也可以给自己一些奖赏，比如，今天的任务完成以后，可以买份喜欢的零食犒劳一下自己，或者出去好好玩一圈儿。放松以后，回来再接着学习，这样精神劲头就会更足，效率也会更高。我们在制订复习计划的时候，还是要给自己留出休息和娱乐的时间，这不是分心，而是为了让我们更好地完成任务。

合理选择参考书

近些年，针对学生复习、考试的参考书越来越多。这无疑是一件好事，同学们有了更大的选择余地，为复习、应考带来了方便。可是也有人被这种情况弄得眼花缭乱、头昏脑涨，不知该看什么书好，感到无从下手。

为了在考试中获得成功，选择和使用参考书很重要。我们必须要注意的是，这些书只是参考书，其重要程度远远不能和教科书相比。它们只起到辅助作用，帮助你把教科书掌握得更好。千万不可喧宾夺主、主次颠倒，那样弄不好还会带来副作用呢。

各科的复习参考书虽然名目繁多，但从其内容、性质和特点来看，大致不外乎分为纲要类、习题集类、方法技巧类、工具书类四种类型。

纲要类书是把教科书的知识加以浓缩、提炼，简明扼要地串在一起。这种书条理清晰、内容概括、连贯性强，能帮助学生系统而全面地复习某一科的知识。这种书最适合在课程刚刚讲授完毕时用，而在一门课还没学完时，用处不太大。

习题集类书中搜集了大量的习题，把教科书中的公式、定理、原理等诸方面的知识"习题化"。这类书的特点是，把学生应掌握的知识的重点、难点、基本概念、基础知识以千变万化的形式融入习题之中。学生通过做习题，加深了对这些知识的理解、记忆。这类书可以帮助学生培养解题能力和应考能力，也可以在复习提高阶段使用。

方法技巧类书是讲学习方法和考试技巧的。古语说："工欲善其事，必先利其器。"这类书就着眼于"利器"，而非"善事"。有不少同学之所以考试成绩不理想，不是由于脑子不够聪明，或工夫下得不够，而是由于学习方法有毛病，缺乏应试技巧，这样的同学就需要看这类书。这类书主要不是告诉你应当学什么，而是告诉你应当怎样学；不是告诉你主要考什么，而是告诉你怎样去考。总之是讲方法技巧的书，如怎样开发自己的记忆潜力，如何制订复习计划，考试时如何答题，如何防止失误等等。这类书可帮助考生提高学习效率和考试成绩。

工具书类书主要是供人查阅的，如字典、辞典、手册等。大家常用的《新华字典》、《英汉小辞典》、《成语辞典》、《数学手册》等就是这类书。一般说来，这类书只适于供人查阅而不适于"看"和"练"。

考生在选择和购买参考书时，首先要了解该书的类型、特点、适用范围，要针对自己的学习情况，选择其中较合适的，做到有的放矢。如有的同学对知识学得杂乱，没有系统性、完整性，或者刚刚开始全面复习，这时就适宜选择纲要类参考书；有的同学对所学习的知识基本上已掌握，但运用和解题能力差，这时就适合选择习题集类的参考书；如果有的同学学习效率低，觉得自己下的功夫不小，但收效不大，那就最好买一两本讲方法技巧的书看看。总之，选择参考书一定要针对自己复习的阶段和学习进程，千万不可盲目。

有的人喜欢买很多的参考书，认为考试成绩的好坏直接取决于参考书的数量。在有的毕业班里，还存在竞相攀比着买参考书、做习题集的风气。如果每本书都读透了、记牢了，多买些也无所谓，但不少人往往如走马观花一般，表面上看是"读书破万卷"，实际上没过一个月，"忘却的救世主"就降临了。与其这样，不如把一本书看精，一遍记不住就看两遍，真正把它利用起来。你应该慧眼识珠，找到一本最适合你的，把它读懂读烂。切不可这本书看两页，那本书看两眼。因为参考书一般都是按体系编写的，浅尝辄止会使你得不到完整的复习。

有时也会出现这样一种情况，就是教科书和参考书对一些问题的提法不一致。在这种情况下，一般应以教科书为准。有极个别的情况是教科书写错了，而参考书写对了，这时应当经老师鉴别核对后，以参考书为准。

老师指导记心头

小伟一直都是班上成绩比较拔尖的学生，平时学习都很自觉，自打进入初三下学期以后，小伟就给自己安排了一个很详细的计划，雄心勃勃地朝着考上重点中学的目标努力。小伟学习很有主见，平时的复习主要都是按照自己的计划进行，至于课堂上老师的指导，在小伟看来，主要都是针对成绩比较一般的同学的，对自己的参考价值不是很大，所以，听讲也不是很用心。几个月过去了，班上举行了一次中考的模拟考试，成绩出来后把小伟吓出一身冷汗。小伟这才发现，因为没有听从老师的复习安排，许多基础知识小伟复习得并不好。从此以后，小伟再也不敢不认真听讲了。

小伟的教训告诉我们，复习计划虽然要自己来制订，但并不是说就可以不听老师的指导。在大的复习安排上一定要和老师保持一致，这样既节省时间又能够提高效益。

对于带毕业班的老师来说，他们更是有着多年的备考经验，对历年的考题都非常熟悉，对于学生可能遇到的问题也都非常了解。所以他们会有针对性地指导学生的复习，比如说哪些内容、哪些题型可能是经常会考的，哪些知识点是需要特别注意的。这些经验都是我们同学们自己不可能具备的。所以，在大的安排上听从老师的指导，比自己单枪匹马地单打独斗要省力得多，既然如此，我们何乐而不为呢？

当然，小伟之前的看法也不是毫无道理。老师的指导主要是围绕大的方面和总的方向来进行的，针对的是每个同学都会遇到的普遍性的问题。具体到每个人，还要根据自己的实际情况，做一些更细致的安排。所以，跟着老师安排走并不等于让老师牵着走。还是要充分发挥自己的主动性，一方面跟老师复习，另一方面又能做到不打乱自己的复习计划。以老师的复习指导为主，同时又要兼顾自己的薄弱环节，做好巩固强化和查漏补缺的工作。在小的环节上，我们要根据自己学习中存在的问题，随时进行自我调整。这就叫"大同步"与"小自由"相结合。

要注意学科搭配

不管是大考，还是平常的考试，都是在几天内考好几门不同的科目。这就意味着我们在复习的时候，也要同时复习好几门科目。那么，我们在制订复习计划的时候，应该怎么去处理不同科目之间的关系呢？

有的同学习惯在一段时间内集中复习一门课，感觉这样可以集中精力，效率会比较高。但其实效果并不好，很容易产生疲劳。比如说，你连续几天都复习数学，表面上看这几天一门心思在数学上，又是看书又是做题，肯定印象深刻，但这只是暂时的，是用心理的疲劳作为代价的，一旦停下来，心理上马上就有一种放松感，前面复习的也很容易忘记了。

不只是长时间复习一门课会这样，就是连着复习两种性质相似的科目时，也会容易疲劳。比如说，学完数学再学物理，或者学完物理后再学化学，效果都不会太好。这是因为长时间的连续复习相近的内容，前面的会对后面产生干扰，从而影响我们的复习效果。

那么，正确的复习方法应该是怎么样的呢？

简单地说，就是"文理搭配，复习不累"。我们在制订复习计划的时候，应该把数理化这样的理科和语文英语政治这样的文科错开来。理科和文科在思维方式上不太一样，前者主要需要我们的计算和逻辑的推演，后者更多依靠我们的感性思维和记忆力，它们对应着我们大脑中不同的部分。复习的时候把它们错开，就可以让大脑的两个部分轮流得到休息，我们平常叫做"换脑子"，复习的效率自然就提高了。

复习目标按需调整

考前复习是一个相对比较长的过程，如果在这么长的时间里，一直都要保持一个比较积极有干劲的状态，就要随时注意调整自己的复习计划和复习目标。

小彤在复习中就遇到了这样的问题。小彤在班上的成绩不算好，这学期小彤学习更加努力，觉得自己进步挺大。于是，小彤在期末考试前就给自己定下了一个大胆的目标，争取考到班上的前十名。为此，小彤制订了一个很大的很详细的计划，干劲十足地投入到复习考试中去了。

但是过了一段时间，小彤感到有点力不从心，觉得好像目标定得太高了。虽然自己很努力，但是因为前面的基础不是太好，所以计划执行起来还是有些吃力。现在小彤面临着一个艰难的选择，是硬着头皮上呢？还是调整一下目标？如果硬着头皮的话，很可能会越学越累，越学越没有信心，如果到那个时候再打退堂鼓，那后果可就很严重了，说不定不仅没有进步，还会退步。经过冷静的思考，小彤决定调整自己的目标，把名次放宽到 15 名以内，这样，她的心里松了一口气，好像吃了定心丸一样。能考到 15 名以内，也是一个很大的进步了。于是，小彤又充满干劲地投入到复习中去了。

小彤的做法并不是放弃自己的目标，承认自己的失败，而是在对自己充分和清醒地认识之后，及时地调整目标，让这个目标既能激励自己前进，又现实可行，是通过努力可以实现的。我们说：永远对自己要求高一点，但是高到什么程度，还是要量力而行，如果只是停留在口号上，或者过于好高骛远，都起不到鼓励自己推动自己的作用，反而可能会挫伤自己的积极性。要让我们的目标一直对我们都能起到激励的作用，这样才可以不断进步。

当然，对另外一些同学而言，调整目标可能是把一开始定的目标，再提得更高一些。一个阶段复习下来，如果经过考查（比如说小测验），发现效果还不错，这时候就要提升原来的目标，要求得高一些，不能躺在完成的任务上睡大觉。目标必须有一定的挑战性，才能起到激励的作用。这也是一种调整。

总之，我们每个人要根据自己的实际情况，学会随时调整自己的目标，让目标始终在前面鼓舞着我们前进，既不能太遥远看不清楚，又不能太近一下子就摸得着。我们在一开始的时候，可以制订一个比较中等的目标，调整起来会比较从容，让自己始终能感受到通过奋斗完成任务的成功感，这样我们才能保持比较大的干劲。

安排时间有诀窍

这个问题其实我们前面已经谈得很多了。比如说平时就要注意复习，不要都推到最后，比如说制订复习计划要注重长计划与短安排，不要想在很短时间内就完成复习计划等等。所有这些，说的都是怎样提高我们时间利用率的问题。

那么，如何才能更好地安排和利用时间呢？其实大的原则只有两条，一个就是尽可能地充分利用时间，另外一个就是要保证这些时间用起来有效率，能够真正转化为我们的复习成果。

关于第一条，比如说平常生活有许多零零碎碎的时间，都可以利用，在我们复习比较紧张的时候，这些时间也是挺宝贵的。像那些要求我们必须经常记忆的内容，如公式、定理、单词等等，我们就可以写在便于携带的小卡片上随身携带着，利用排队、等车、坐车等空隙时间进行复习、记忆。把这些"死"时间转化成我们活的学习时间。鲁迅先生说过："哪里有什么天才，我是把别人喝咖啡的时间都用在工作上了。"可见，学会充分地利用时间，抓紧时间是一件多么重要的事。

但是，是不是复习的时间越多就越好呢？这里就涉及我们谈的第二条原则了。关键还是提高单位时间的利用效率，一味的惜时如金，恨不得把所有的时间都花在复习上，并不值得提倡。复习是一个长时间的劳动，如果总是超负荷地学习，大脑得不到充分的休息，身体就会疲劳，精力就会涣散，复习的效果自然就下降了。所以，复习期间一定要注意劳逸结合、一张一弛，复习一段时间后就要稍微做一些放松和休息。我们不能盲目追求复习时间的绝对值，而应该想办法提高时间的利用率。只有在精力充沛的情况下学习，这样每一分钟才会有收获。

复习的时候既然要注意到劳逸结合，那么我们在制订复习计划的时候，就不要安排得太满，要给自己留出一些空闲的时间来，用来做体育锻炼，或者休闲和娱乐。这样的调节不是让我们完全放松，而是为了精力更加饱满地投入到复习中去。而一旦我们进入到复习的状态中，就要全身心地保持专注，不分心，把每一分钟都充分利用起来。

提高我们的时间利用率，还有一些小窍门。比如说，我们可以根据大脑的活动规律，来安排我们的复习。据科学家发现，一般是早晨记忆力比较强，晚上思维最活跃，午间人脑最迟钝。根据这个规律，我们就可以有针对性地安排一天复习的内容。在早晨安排一些注重记忆的科目，如英语、政治等，在晚上安排思维量比较大的数学、物理等科目。

另外，心情和效率也有很大的关系。在我们心情比较愉快、注意力比较集中的时候，可以安排感觉比较枯燥或比较薄弱的科目，而在零星时间和注意力不容易集中的时间，不妨复习自己最感兴趣的课程。

简单地说，在最不要紧的时间里安排最容易做的事，这可以充分提高我们时间的利用率。

为了更有效地利用时间，我们还要学会简化和省略一些"多余的步骤"，扔掉一些不必要的包袱，节省时间和精力，使自己轻装前进。要减少无效的劳动，把有限的时间和精力放在最需要投放的内容上。

最后，也许是最重要的，就是我们始终要保持一个高昂的情绪，良好的精神状态，要以一种乐观向上的生活态度对待周围的人和事，尽可能保持好的心情。在这样的状态下，你会觉得时间过得很快，那你的学习效率自然就很高了。

创设良好的复习环境

我们平时复习功课，大部分时间都是在学校的教室里，大家都在紧张的复习，自然会形成一个很好的氛围。不过，晚上我们一般都要回家，还有期末考前常常也有一段回家自由复习的时间。在家里主要靠自觉，这时候一个良好的复习环境就变得很重要了。

亮亮家里的条件不错，自己有一个小小的房间，平时在家学习的时候都是在自己的房间里。亮亮把自己的小屋布置得可漂亮了，墙上贴满了他喜欢的球星的海报，桌上还有各种飞机和舰船的模型，因为他一直对军事就很感兴趣。现在到了期末复习的时间，亮亮经常把自己锁在屋子里复习功课，爸爸妈妈也不轻易打扰他，吃饭的时候才喊他。不过亮亮发现他一个人的时候，效率可比在学校里面低多了。一会儿摆弄摆弄模型，一会儿又看看小人书，一会儿发现自己的笔记本又找不着了。这样磨磨蹭蹭的，时间很快就过去了，可是自己的任务才刚刚开了个头。

亮亮知道这样下去肯定不行，他觉得自己屋子里的东西实在是太多了，于是决定好好清理一下。那些平时爱看的小人书，爱摆弄的模型，就把它们收起来，跟他们暂时告别一段时间吧。等到考试完了以后再好好陪你们玩。至于那些球星海报呢，就先放在墙上也没关系，看看他们还可以激励自己呢。然后把自己的书桌也好好整理一下，把课本、资料、笔记都按顺序放好，要复习哪科就提前把这科的各种相关材料都拿到最上面来。铅笔、钢笔、墨水也都准备好。为了提醒自己，亮亮还做了一个"距期末考试还有几天"的倒计时牌。这下好了，屋里一下子显得清爽了很多，亮亮也找到了复习的感觉，很快就进入状态了。

怎么给自己在家里创造一个良好的复习环境，亮亮给我们做了一个很好的榜样。我们在复习的时候，一定要尽量避开那些可能会让我们分心的东西，把我们的精神集中到复习上来。各种复习的材料也要分门别类地放好，不要等到要用的时候再去找。要不然到时候这里找找，那里翻翻，多闹心啊。破坏了复习的情绪，就会直接影响到复习的效果。

我们每个人都可以根据自己的习惯和现有的条件，来安排自己的复习环境。总之呢，清爽和宁静是最主要的，提高自己的复习效率是最主要的目的。如果是符合这样的原则，再加点自己的小创意，让自己复习起来更有精神更愉快，那就更好了。

复习不忘锻炼身体

复习备考的时候，我们经常一坐就是一天，有的同学总觉得出去锻炼身体太浪费时间，结果一天下来，全身都没劲，饭吃着不香，觉也睡得不好。这样复习效率怎么能高呢？

长时间伏案读书，缺少运动，就会出现腰酸背痛、视觉疲劳、肌肉僵硬等问题，还会导致营养物质吸收不良。有研究人员通过实验和观察发现，如果因为考试复习中断了体育活动，几个月后身体的各个器官功能都下降了。这时候再加上紧张的复习，抗病能力很差，不仅很难考出好成绩，还容易引起像感冒、头疼之类的病症。

研究人员发现，大概有18%的考生容易由于过度疲劳、体质下降而病倒。这个数字可不小，大家一定要引起警惕啊！其实，适当的运动不仅不耽误时间，还会帮助我们更好地复习备考。科学家发现，爱玩、爱运动的孩子往往更有创造力，也更加聪明。适当的体育活动能够让我们身体各器官的功能都得到增强，让我们的头脑更清醒，记忆力更强，还能增强抗病能力，帮助我们保持身体的健康。由此看来，体育运动的好处还真不少。

那么，我们应该怎么来安排一天的体育活动呢？

一般来说，体育活动应该安排在早晨和傍晚这两个时间段。早上要做10～20分钟的体育活动。因为我们在睡眠的时候，大脑皮层处于抑制状态，早晨刚醒来时，这种抑制状态不能马上消失，很难一下子进入最佳学习状态。这个时候起来锻炼15分钟左右，可以帮助我们驱散睡意，让我们感到全身舒坦有劲，对一天的学习、体力及情绪都是很有好处的。下午课外活动的时间，也应该坚持每天锻炼20～30分钟，可以让我们紧张复习一天后的大脑得到很好的恢复，晚上复习效率就会大大地提高。

具体的锻炼内容，就看我们自己的兴趣和爱好了，没必要强求一律。只要是不激烈的较为轻松活泼的运动就好，像散步、慢跑、球类活动、跳绳、拳操等等，都是很好的运动方式。锻炼起来强度不要太大，不要让身体过分疲劳，要尽量少参加那些过分激烈的比赛和训练。最后还要注意安全第一，避免运动的伤害。

让我们在轻松有趣的体育活动中，把身体炼得棒棒的，你会发现复习起来更有精神，效率也更高了。

注意消除心理疲劳

复习备考确实是一件比较艰苦、单调和枯燥的事情，很容易产生心理上的疲劳和懒散情绪。复习了一会，就看不进去书了，然后就偷点懒，玩上一会。如果老是这样，就会越来越懒，就难以取得良好的复习效果。这可怎么办呢？消除心理疲劳，关键是要有自制力。有了自制力，我们才能够做自己的主人，坚定不移地执行预定的计划。

德国作家歌德说过："谁不能主宰自己，永远就是一个奴隶。"我们来看著名数学家杨乐、张广厚是怎么做的吧！作家李准在报告文学《两个青年人的故事》中是这样描述他们如何坚持学习的："他们没有过星期天，没有过节假日。'香山的红叶红了'，让它红吧，我们要演算题。'中山公园的菊展漂亮极了'，让它漂亮吧，我们要学习。'十三陵发现了地下宫殿'，真不错，可是得占半天时间，割爱吧！'给你一张国际比赛的入场券'，真是难得的机会，怎么办？牺牲了吧，还是看我们在纸头上的国际比赛吧！"杨乐和张广厚就是这样克服欲望的诱惑，脚踏实地地在数学事业上不断进取。

培养自己的自制力，不是一件容易的事情。有时候我们要对自己"狠"一点，强迫自己完成复习的任务，然后完成任务后给自己一点小小的奖励，比如说去看场电影，或者去打场球，这样复习就有了动力，就会更加专注。比如我们可以给自己下一个任务，规定自己在45分钟内做完一张试卷，中间不准吃东西、看电视、跟别人说话，这样情绪就能振作起来，而且也有助于做题时形成紧张感和节奏感，对正式的考试是很有好处的。

出现心理疲劳时，另外一种消除的方法就是想办法让自己的复习轻松有趣一点，进行一些适当的调剂。比如说，我们可以想想自己考完试后美好的前景，或者变换学习方法，让自己的学习更有乐趣。复习过程中适度的休息也是必要的，不要一连学习好几个小时。人的注意力一般只能保持50分钟，所以专注学习一段时间后，可以适当休息和娱乐一会儿，听听音乐，出去走走，把它当作对自己学习的一种奖励或者实惠。做做运动，多多与同学朋友聊天交往，也可以消除心理上的疲劳。不过这些休息娱乐的目的都是调剂，是为了让自己下面更加专注地投入到复习中。现在还没到彻底休息和娱乐的时候呢！

如果我们是在学校里复习，看到教室里别人都在发奋苦读，自己也会情不自禁地投入到集体的行列中去，疲劳懒散的心理就会一扫而空。在紧张的复习氛围中，大家要经常互相激励，这对我们情绪高昂地进行复习也是很有帮助的。

克服烦躁情绪

同学们在复习中容易出现的另一种消极情绪就是烦躁。感觉日复一日每天都在复习、看书和做题，老师和家长又总是说个不停，真不知道这种日子什么时候才能到头。真想把这些书、复习资料啊，统统扔掉，好好出去玩几天，可惜只能是想想而已。

出现这样的烦躁情绪怎么办呢？其实不必担心，在单调的复习期间，出现这样的情绪是很正常的。如果感觉比较烦，看不进去书，做不下去题，那么就暂时先把它们放在一边好了，先不要强迫自己。不如去做些其他活动，比如，锻炼锻炼，或者做些家务，让自己的大脑和心情先平静下来。也许过不了多久，你又想去学习了。这个时候再重新回来，感觉就会好很多，学习效率也比较高。不过前面落下的功课，你可就得多花点时间去补了。

日本有一位著名的教小提琴的老师叫铃木镇一，他培养出很多的著名小提琴演奏家。据说他的做法是在小孩自己要求拉小提琴时才开始教他们，在此之前，不管是一个月还是两个月，只让他们看其他孩子拉小提琴。像这样，有了强烈的学琴欲望之后，他的进步才会飞快。我们的复习也是一样，既然心里烦躁的时候学不进去，那就让这股劲儿先过去，缓和平静下来以后，再重新投入到复习中去。

还有的同学会觉得学习只是为了考试，总是考来考去的，真讨厌！所以，面对一天天临近的考期，他们心里非常烦躁。像这种"厌考"的问题就比较严重了，因为牵涉到对考试的思想认识。这样的同学应当想一想，复习一方面是为了在考试中取得好的成绩，另一方面也是为了巩固所学的知识，增长自己的才干。一分辛苦，一分收获，胡思乱想没有任何意义。只要踏踏实实地学习，功夫总不会白下。

周华健有一首很好听的歌叫《最近比较烦》，如果你因为考试感到烦躁的话，好好冷静一下，看看自己到底是哪种情况。希望最后你都像歌中唱的那样，"我不烦！"

第十章

高效复习法

考前复习，在不同人的眼里可能是完全不同的样子。有的同学会认为考前复习很轻松，有的同学则认为考前复习是一项艰巨的任务。同样的复习，为什么在不同学生的眼里会是不一样的呢？除了学生之间存在的个体差异外，有没有掌握科学高效的复习方法也是产生这种结果的重要原因。因此，掌握科学高效的复习方法，就非常有必要了。

把课本当做宝藏

德国著名的作家歌德可以说是一个多才多艺的巨人，不仅在诗歌创作上取得了光辉的成就，还在植物学、矿物学、光学等领域也做出了一番探索。可正是这样一位巨人却说过这样一句耐人寻味的话："我在许多不属于本行的事情上浪费了太多时间，假如分清主次的话，我就很可能把最珍贵的金刚石拿到手。"在歌德看来，如果他全身心投入到文学事业中的话，他会取得更伟大的成就。即便如此，歌德已经是一位伟大的诗人了，他的成就不是一般人能达到的，但他的话包含的道理对我们也有着同样的启示，那就是做任何事情都要分清主次，因为我们的时间是有限的，不要因为一粒芝麻丢掉了一个大西瓜。

那么，对我们的复习来说，什么才是主和次呢？

显然，课本才是最主要的最根本的复习内容，千万不能主次倒置，丢开课本，沉迷于无边无际的参考资料。我们的学习、复习和考试，最终都是指向课本的。课本既是源泉，也是最终的目标。这个道理看起来很简单，但却往往被我们忽视。我们常常认为课本太简单，匆匆地看一遍以为自己明白了，就开始忙着做各种习题。习题是帮助我们巩固知识的，如果基础知识还没有完全掌握，做习题就达不到效果。有时候一道题百思不得其解的时候，回到课本上往往会恍然大悟。这就说明课本知识才是最根本的。题是做不完的，但是掌握了课本知识，就可以以不变应万变，只要不超出课本知识的范围，我们都可以找到解决的办法。

有的同学以为课本内容很简单，那是因为他没有仔细认真地去读。那么，应该怎么去读课本呢？

首先，课本的目录就很重要，因为这里面包含了知识的基本结构和线索，从每一章到每一节，都涉及各个知识点之间的相互关系，这是从大的方面说。从小的方面说，课本里面涉及的每一个知识点，每一个概念，每一条定理，甚至于正文下面的注释，都不能轻易地放过。有些内容在各种习题中出现得比较少，但并不代表就不重要，考试的时候就不考，所以一定不要有任何遗漏。

课本中一些关键的概念，一定要反复去领悟和体会，比如说物理一科，就经常会出一些基本概念的题。多项选择题中，对一个概念的解释，也许两个选项间只有一字之差，但这里面却有了实质性的不同。所以复习物理，千万不能只做题，一定要重视基础的概念，重视概念中的关键词句，这就要求我们反复地看课本，把这些概念搞懂搞透。

不要以为看课本是件轻松的事，实际上如果你真的会看，会发现要做的事多着呢。比如，课本上的例题，都是很典型、很有代表性的，它们的重要性不容我们忽视。

构建知识的网络

我们强调，考前的复习是一种系统复习。系统复习就是要把学过的知识组织成一个系统，搞清各个知识点之间的关系，那么，怎样才能做好系统复习呢？

大家一定看过蜘蛛怎么结网。蜘蛛都是从一个点开始，然后吐丝结成一条线，线与线之间就织成了网。系统复习就是像蜘蛛那样，从点到线，从线到面，把知识点编织成一个知识的网络。我们所学的任何课程，都不是知识点一个个的罗列。它们都有各自内在的联系，好的复习就是要去发现和掌握这个结构。我们学会了编织了这些课程的知识网络，就等于把握住了它们的知识结构，复习起来就会轻松多了。

如何在整个知识体系的基础上掌握知识点呢？可以分以下几步下手：

第一，读书、联想，透彻理解知识点中的"关键概念"。例如，在理解物理电磁感应一章中的自感现象时，"自感电动势的大小与磁通量的变化率成正比"，其"关键概念"为"变化"、"率"这两个词。所谓"变化"，就是指它跟磁通量的大小无关，磁通量再大，没有变化也就没有自感电动势的产生。所谓"率"，也就是单位时间内变化的多少，即变化的快慢。这样，我们就很容易理解下面这两个曲线的道理。

有的时候，我们甚至可以进行跨学科联想。例如，物理中楞次定律说：感生电流的方向总是阻碍磁通量的变化，为何说是"阻碍"，而不是"阻止"呢？这就是说它要尽量减小引起磁通量变化的势力的影响，然而却不会完全消除它。

第二，关键的概念弄清楚了，我们就应该理论结合实践，解决些具体题目了。不适当地做些题目，要想真正学好数理化几乎是痴人说梦。尤其对数学，做题就显得更重要了。像"不等式"、"方程"等章节就要求我们必须做一定数量的练习。当然，做题也并非越多越好，盲目地跳入题海，有时会搞得焦头烂额、事倍功半。关键还是要思考，要真正地动脑子。

在做题之前，同学们可以先看一些有讲解的例题，分析理解它所体现的原理和方法，然后自己做题时也试着应用，一方面巩固自己对知识的理解，另一方面也能通过自己解题时的症结引发思考，从而促进和推动对知识的应用。例如解一道数学方程式时，我们就会想到求根法、等量代换法、三角法、数形结合法、拼凑法等一系列的方法。

我们要努力培养自己的发散思维，用多种方法去解，然后从中挑选出最合适的方法。"一题多解"是一个促进能力增长的好法子。

总之，通过若干个看题—做题—思索—总结的过程之后，就能达到理论与实践的"相长相生"。

第三，学完一个或几个知识点之后，停下手来，在大脑里认真地过一遍关键概念有哪些，它的内涵和外延是什么，会出现哪些典型的题型，各种题型如何去解，要注意哪些事项，和以前的知识有什么"亲缘关系"，又有什么异处。这样我们就把这个知识点编入了我们的整个知识网络之中；或者说，这个知识"节点"就有机地生长在了整个"知识树"上，将来面对有关问题就能游刃有余，灵活作答。

另外，在每个知识点掌握之后，都在本子上做一个小结，整理一下知识梗概、难点，最好能准备一个"疑难问题详解本"，把自己做错的题或者颇费一番周折才解出来的很有价值的题整理一下，自己的感悟、收获都可以写上。

我们经常说，理解是记忆的钥匙，要对知识有深刻的记忆，就需要对知识先有一个深刻的理解，这个道理大家都懂，但要真正做到可不容易。我想，同学们肯定都有这样的经验，凡是自己弄懂的内容，记起来就容易、就快；凡是自己还没搞明白的，记起来就格外费劲。所以，我们复习的第一步就是要把记的内容一点点搞懂搞透。上课的时候一定要认真听老师讲，比如说公式、定理的推导，只有我们搞清楚推导的过程，我们复习、记忆起来才会轻松自如。再加上我们平时多运用多练习，这些公式、定理慢慢地就成为我们知识的一部分，想忘还忘不掉呢！

有的同学觉得理科的记忆主要靠理解，文科就只有死记硬背，其实这是不对的。文科的知识也要理解、运用。现在文科的考试也很少考纯粹靠死记硬背的内容了，都要求学生把学过的知识灵活运用，来分析和解决问题。

比如说，政治课上确实有一些基本的理论原则需要记住，我们要在分析问题的时候学会运用这些基本的理论原则，运用的过程中我们就理解了它们，这样不用背也能记住了。

又比如，历史课中的事件、人物和年代，有些确实是需要记住的，但是重要的是把这些"死知识"灵活地运用到对问题的分析和对事件的解释上，在此过程中将它们熟记，用一位同学的话来说，这就叫"死去活来"。

英语更是如此，一个个孤立的单词和句型，平时除了记忆以外，最重要的是要学会经常运用和练习，用得越多，记得就越牢。

我们说理解，不仅是针对已经学过的知识，还有就是学会在新知识和旧知识之间建立起联系，这也是理解很重要的方面。

前面说了这么多，大家也一定看出来了，理解和运用不可分。有许多看似枯燥无味的知识，在运用的过程中就变活了，也变得有意思了，自然就容易记住了。不管是数学公式定理，还是英语单词句型，都要经常运用。就像我们学骑自行车和游泳一样，等到我们运用自如，达到都不觉得自己在运用的程度，那就是真正掌握了，也就真正记住了，这样记住的知识是最牢固的。

只记必须记住的

我们在复习的过程中，要记很多很多的东西。许多同学一想到要记那么多内容，心里就犯嘀咕，还没上战场就打退堂鼓了，这样可不行。其实，记忆也是有窍门的，也不是什么内容都要死记硬背的。只要我们掌握了正确的方法，养成良好的习惯，不仅不用担心记不住，还会从中找到乐趣呢。

又到期末考试了，小宝发现要记的东西还真不少，数学公式定理、化学方程式、英语单词，还有政治理论，一大堆东西都等着小宝去背，真是愁啊！他恨不得变出三头六臂，把这些东西一股脑地全装到脑子里。没办法，牢骚归牢骚，还是要花时间、下工夫。于是，小宝的复习时间就被安排得满满的。几天下来，记也记得不少，可是这脑子真有点吃不消了，头昏眼花。

小志是小宝的同班同学，又是邻居，两个人平时老在一块玩。这些天因为要复习考试，小宝整天呆在屋里，也没怎么见着他。今天小宝出门想透透气，迎面就碰见小志。看他的表情，一脸轻松的样子，倒让小宝感觉有些疑惑。

小宝就问他复习情况，小志说："差不多了，应该没啥问题。"小宝更加纳闷，那么多考试内容，背得我头昏脑胀，难道小志这么轻松就都记住了？难道他有啥秘诀不成？看着小宝的表情，小志心里猜出了几分，就主动问了问，小宝于是大倒苦水。小志笑了笑，就对小宝说："难怪你愁眉苦脸的。哪有那么多东西要背啊？是你自己给自己加了好多负担啊！"这一句话好像一下子把小宝惊醒了，后来又听小志的一番解释，小宝这才明白了，原来自己做了好多无用功啊！

小志的话是什么意思呢？原来，我们学过的知识，都是相互联系的，只要我们理解了知识之间的相互关系，并不是所有的都需要死记硬背。有很多知识是可以运用我们的理解推导出来的，比如说，数学里面的三角函数公式，我们只要记住了其中的一两个，其他通过推导就可以得出结论。不只理科是这样，文科同样如此。就拿政治来说，有一些基本的原理我们当然要记住，但是这些原理下面更小的知识点，我们只要理解了大概的意思，并不需要逐字逐句地背下来。关键是要学会举一反三，从基本的知识点中间推出其他的知识点来。

复习考试的时间本来就很短，在有限的时间里掌握大量的考试内容，除了要靠平时的积累和练习，学会更有效率地利用时间也是很重要的。俗话说："好钢要用在刀刃上"，如果不分主次地什么考试内容都去背，那效率多低呀！想什么都记住实际上也是行不通的，反而会让好多该记的没记住。

捷克有一位大教育家叫夸美纽斯，他说过一句话："尽量少要学生去记忆，这就是说，只记最重要的事项，对于其余的，他们只需领会大意就够了。"我们给自己的记忆负担越小，记忆的质量就会越高。所以我们一定要分清轻重缓急，把那些最基础、最重要的内容牢固地记住，而那些不常用的或者可以由基本的内容推导出来的内容，不必非记不可。对那些虽然重要但只需领会大意的，也不必一字不差地死记硬背。总之，不记那些无关紧要的，要记住必须记住的。

上面说了只记必须记住的，其中另一层意思当然就是该熟记的一定要熟记。

那么，该熟记的都包括哪些方面呢？这里面包括一些基本的概念，公式和定理，常用的数据，英语的单词等等。虽然我们不断强调理解对于记忆的重要性，但是也不得不说，有些内容确实是需要死记硬背的，或者说需要把死记硬背作为一种辅助手段，来强化我们的记忆。特别是到临考前的一两天，强化一下这些要熟记的内容，还是很有必要的。

要熟记的内容，可能因不同人、不同科目的情况不同而有所不同，这里只是举一些需要熟记的例子，供大家参考。比如说，数学物理里面一些常用的数据，有些数据可能老师不会特别强调要熟记，但是如果我们熟记的话，在考试过程中直接拿过来用，会极大地提高我们的解题速度，像15度角的三角函数值，常用勾股数等等。

还有化学，它虽然属于理科，却具有文科的特点，需要我们记很多知识点。比如，常见元素的性质、应用以及与之有关的化学反应过程和方程式，这些都需要熟记在心，然后在记忆的基础上进行充分的理解和灵活的运用。对于记化学方程式，我们可以边记边回忆生动的实验现象，根据实验来记忆化学方程式常常最有效。

英语单词和词组一直是记忆的重点。我们要背一些常考单词的读音，还有考试说明上的词汇表，包括单词和词组。背词组，可以结合例句或者上下结构来背，最好再背一些基本句型。对于常用的句型、惯用法，没有什么好办法，只好死记硬背。记得越准，做题把握越大；记得越多，考试中得的分就越多。

另外，还有像语文课里面的文学常识，重要字词的读音和解释等等。对于这些比较零碎的知识点，我们平时就要多积累，多花些功夫，可以把它们制作成卡片，没事就拿出来翻一翻，背一背，时间长了，自然就记住了。这样到临考前再强化一下，基本上就没问题了。

那么，要熟记到什么程度呢？打个比方来说吧，我们想到一个知识点，到我们完全把它想起来并想清楚，这中间的时间越短越好，最好就像镜子的反射一样，好像没用什么时间似的。如果能够达到镜子反射一样的速度，说明那些知识和本领已经完全属于自己了。

板块记忆不易混

考试的时候，有些同学常常会出现记错、记混、张冠李戴的现象，本来明明可以做对的题目结果做错了，事后懊恼不已。如果我们在复习的时候多注意一些，这样的问题是可以避免的。

我们的记忆就像一个仓库，记得牢，记得清楚，就好比仓库里面摆放得很整齐，可以随时从中调用我们需要的东西。记混、记错，就好比我们从仓库里面拿东西的时候拿错了，拿混了。所以，我们要时刻注意检查一下我们的"记忆仓库"，看看"知识"是不是都放得整整齐齐，有条有理。要知道，越是零碎的知识点越容易记混，这就好像仓库里面乱七八糟堆作一团一样。所以，一定要把知识点放在一个结构里面，一个板块里面来记，知道它的上下左右，前前后后，这样才不会出错。

这里给大家讲一个故事。东汉末年，有一个著名的文学家叫王粲，他的记忆力非常好，在朋友中间很有名。有一天，他和朋友们出游，看到一块石碑，朋友们都知道他记性好，有心考考他，就让他看看碑文，然后背出来。王粲看了一下碑文，转过身就背出来了，朋友们都很惊叹。还有一次，王粲看人下棋，不小心碰乱了棋盘，下棋的人很恼火，没想到王粲凭着自己的记性，很快就把棋盘摆出来了，令下棋的人大为惊讶。

王粲的记性为什么这么好呢？他的窍门在哪里呢？原来王粲用的是一种"板块记忆法"，这是一种大段大面积的记忆方法，它不是一点一点地去记，而是把要记的内容组成一个个"板块"，储存在脑子里。

王粲非常好学，平常就留心记忆，在他看碑文之前，他脑子里已经存了很多碑文，这些碑文都有一些模式，每一种模式就构成了一个板块，遇到新的碑文时，把新的碑文和以前记的碑文板块对照和联系起来，有一些是属于相似或者相同的，有一些是不一样的，这样就大大减轻了记忆的负担，所以很容易就背出来了。王粲记棋盘也是一样，他本来就精于棋道，脑子里记了很多棋谱，这些棋谱就构成了"板块"，新下的棋很多走法和以前棋谱都是差不多的，所以很容易就记住了。

虽然王粲记的东西和我们现在要记的大不一样了，但是道理却是相通的。我们应该像王粲一样，平时脑子里就多储存一些"板块"。比如说，我们要多记一些题型，平时多练多用，如果我们已经记住了很多题型"板块"，那么遇到新的题型时，就很容易记住了。这样到了考试的时候，即使没有出现完全相同的题型，一般也是在原来题型的基础上变化而来的，解答起来就会很有把握。还有像英语中的句型，也是一个道理，平时多记多用，遇到新的句型自然就会把它和我们以前记的联系起来，就会很容易记住。

掌握和储存了很多"板块"，就像打仗时备足了粮草一样，心里有底气，就什么也不怕了。不管是我们平时积累各种"板块"，还是把新的"板块"和以前记的联系起来，其实都需要我们开动脑筋，把知识点互相联系贯穿起来，这样既会帮助我们记忆，又会让我们的记忆充满乐趣。想想遇到一个新的题型或句型，正好可以和以前记的题型句型联系起来，那是多有意思的一件事呢！

有时候记混还跟我们的学习习惯有关。一般来说，记混都是在学习内容相近的情况下出现的。如果我们在同一段时间内，总是复习同一门课程，记性质相同或者相近的内容，就会出现这种情况。我们前面说"文理搭配，复习不累"，记忆也是一样的。假如一个上午的时间全部用来记英语单词，那不记混才怪呢！一定要注意各种记忆内容的搭配，背一会儿单词，再记一会儿化学方程式，这样换换脑子既不会感到疲倦，也不容易记混。

另外，还要注意休息，注意记忆之间间隔时间的安排。如果记忆之间间隔的时间太短，那么前后记的内容就很容易相互干扰，考试时就容易记混。在这个间隔时间中，可以安排其他的复习活动，也可以用来休息。

有的同学总是担心复习时间不够用，所以每天花很多时间在记忆和背诵上，结果脑子里一团糨糊，特别容易记混，其实这样是很不科学的。我们只要记牢到一定程度，不用每天都去记和背，只要隔一段时间检查温习一下就可以了。

总之，我们一定要掌握科学的记忆方法，让自己在脑子比较清醒地情况下进行记忆，这样才会有效率，才不会记错记混。

记忆命令有奇效

如果说复习是一个比较艰苦的过程，记忆就更加考验人的意志了。特别是那些需要死记硬背的"死知识"，又枯燥又难记，看着就让人昏昏欲睡，要把它们记住，还真得有一点毅力和决心呢！

为了给自己鼓劲加油，锻炼自己的意志，我们有时候需要给自己下"记忆命令"。比如说，我一定要在 10 分钟内把这一组单词都记住。下了决心之后，我们就会把注意力集中起来，全心全意、一鼓作气地完成任务。这就好比在我们大脑里面的"记忆板"刻下要记的内容，只有我们全神贯注，集中精力，才能刻得准，刻得深。你会发现，记一个东西也并没有那么难，关键是要有决心，有意志。

有一位同学，他为了记住一些比较长、不好记的单词，就在上厕所的时候，强迫自己去记，如果记不住，就不让自己走出厕所门，为了要早点离开气味不太好受的地方，就要集中精力，全力以赴去记。结果没想到，记忆效果奇佳。后来，他养成了个习惯，一去洗手间就在脑海里记一些比较难的内容。

还有一位同学，他发明了一种"手掌记忆"法，为了记住一些比较重要的单词的发音和拼写，他把它们写在手心上，强迫自己在洗掉音标或单词前把它们都记下来。于是，他就不停地张开手来看，反复地去记忆，效果也不错。

当然，我们并不提倡这种"强迫记忆"的方法，关键还是要看自己的决心和毅力。这里只是为了说明只要有毅力，我们记忆的潜能是很大的，很多看似很难的内容其实都能够记住。

最后还要说明一点，我们这里说的主要是短时间内的强化记忆，并不是说记住以后就不用再去记了。记任何东西都不可能一劳永逸，一定要经常、反复地复习。只有这样，它们才会真正地留在我们的大脑里。

归纳联想效果好

在记忆的过程中，学会归纳和联想是很重要的。学会了归纳和联想，我们就能把一组知识点串在一起，这就好比我们手中有了一个绳子，等到我们回忆的时候，一拎绳子就全部都想起来了。这不是比单个地去记要轻松多了吗？

我们就拿背单词来做例子。英语课中背单词是一项不可少的工作，也是大家都比较头疼的事情。其实，学会了归纳联想，背单词背词组就没那么难了。

归纳联想，就是用读音、拼写或者意思来做我们手中的那根绳子，把相近的放在一起来记，也可以把相反的放在一起来记。这样就把大量的单词归纳成一些单词组，不仅记起来效率高，而且对每个单词的掌握也会更透彻。平时我们就要做这样的工作，学习新单词的时候，我们又不断把这些新的单词登记到已经归纳整理好的单词组里，每登记一个新单词，都等于把这个单词组又复习了一遍。不断地积累下来，我们就会对这些单词掌握得越来越透彻，记得越来越牢。

其实，不光是英语单词，记化学方程式也可以用这个办法。遇到那些原料相似，但反应结果却不大一样的实验，为了避免混淆，就可以把它们归纳在一起，在对比中记忆。对那些相互关联或者同属于一个工业生产过程的化学反应，也可以把相关的方程式归纳起来一起记忆。

我们要注重日常总结，把这些方程式编组，抄写在自己的资料库中经常复习，也便于查看。就像我们前面说的，归纳联想可以帮助加深我们对要记的内容的理解，从而让我们记起来更轻松更牢固。至于怎样去归纳，那就要看我们自己的本事了，只有自己归纳的东西印象才最深，别人可是帮不上忙的。

培养题感好处多

我们知道，考试的时候时间总是一定的。为了保证我们把试卷做完，把题目做对，就需要我们提高做题的速度。这里说提高速度并不是让同学们匆忙行事，而是要在保证正确率的情况下尽可能地快速完成熟悉的题目。所以，对于那些简单题和中档题，我们平时就要通过反复的练习来积累题感，这样才能在做题的过程中更加得心应手，应对自如。

什么叫"题感"呢？就是我们在做题的过程中积累起来的一种经验和感觉，看到类似的题目不需要按部就班地一步步演算，就能很快解答出来，特别是那些选择题，有时候甚至不需要知道确切答案，就能把答案选出来。

如何来培养"题感"呢？要培养题感，就要把各门课程当作一个完整的体系，牢牢地掌握在手中，就是我们前面说的把知识"系统化"。要学会分解一个题型中包含的各个要点，去思考这些知识点是如何融合到题目中的。其实，所有的题目都是从这些最基本的东西中分化、发展出来的，如果能够只需一眼就能看出出题人想考的什么知识点，那么这道题就能迎刃而解。

就培养题感的练习而言，我们要注意以下三个方面：一是解题的正确性；二是解题的速度；三是解题的心理状态。如果这三个方面都能做好的话，考试自然就会得心应手了。不过，"题感"不是一天两天就能积累起来的，这需要同学们坚持不懈地努力。成功没有捷径，机会只会给有所准备的人，只有在平时好好积累，掌握解题的方法，培养题感，才能在考试中获得成功。

培养题感，还需要我们做一定量的题目作为基础。俗话说得好："熟能生巧"。没有大量的练习是不够的。不过，要培养题感，闷着头做题是不行的，一定要边做边思考。只有通过思考，掌握了某一类型题目的解题思路，才算是"熟"了。掌握了规律，才能"熟能生巧"，否则，题目做得再多也没有用处。

我们在考前复习的过程中，除了对学过的知识进行系统总结外，还要做很多题，只有通过做题，知识才能转化成我们的能力。题目做多了，考试时看到题目，解题的方法就会自然地反射到脑子里。不过，题目是不是越多越好呢？

盈盈就不这么看。盈盈平时做的题并不多，但她的成绩在班上却一直名列前茅。有的同学做很多很多的题，效果却并不理想。他们就向盈盈讨教，盈盈也乐于帮助同学，她的回答是："粗做十题，不如精做一题。"盈盈拿出她的一本参考书给大家看，大家惊讶地发现，里面居然好多题目都空着，另外一些题目旁边却写得密密麻麻。看着大家惊讶的眼神，盈盈笑着说："我只选那些有代表性的、难度适中的题目认真做，做一道是一道，通过几道题目，就把这一类型的题目都搞懂搞透。其他的差不多的题目，看一眼大体知道思路就可以放过去了。因为现在的参考资料，许多题目都是大同小异，没必要一道一道做。只要有选择性的精做一些就可以了。大家不要看我做题做得不多，可是我花在做题上的时间也并不少啊。关键是要自己懂得选择和思考，不是盲目地做题。"听了盈盈这一番话，大家都有些恍然大悟的感觉。

像盈盈这样，才叫真正懂得怎么做题。如果不分什么样的题，拿到手就做，花了很多时间，效果却不好，因为有很多都是在机械地重复。复习的时间本来就很宝贵，一定要用在刀刃上。所以，那种以为做题越多越好、"眉毛胡子一把抓"的"题海战术"，可是要不得的。

当然，要在茫茫题海中精选出有代表性的题，也不是件容易的事。每个人要根据自己的实际情况和考试的具体要求，自己开动脑筋去思考。比如说，哪些考的是自己薄弱环节的题，可能就要多做一些。大体上，要注意品种齐全，难易搭配，粗做和细做结合。每一类型的题选若干道中等难度以上的精做，其余相同类型的题粗做即可。我们做题做到一定数量的时候，就要在质量上下工夫了。只有这样，才可以又快又好地提高自己的解题能力。

正确对待难题错题

小鹏对数学很感兴趣，平时就喜欢钻研数学题。在他看来，课本和一般参考书上的题目都太简单了，做起来不过瘾，没什么意思。于是他就找一些很难的题目来做，像竞赛试题什么的。有时候为了解一道难题把自己弄得茶不思饭不想，但是解出来以后就会特别得意。小鹏就这样做出了很多难题，心里有些飘飘然了。

很快要期末考试了，数学一科在小鹏看来，只是小菜一碟。可是，最后成绩一下来，却远远低于小鹏的预料，小鹏心里很不服气。不过，他后来冷静下来仔细分析了一下，才发现是自己因为平时太不注重基础知识，反而在很多简单题上丢了分。题目虽然简单，但是因为平时缺少训练，基础不够扎实，再加上粗心大意，所以错了不少。小鹏从此明白了基础的重要性，再也不花那么多时间在难题上了。

其实，我们的考试大部分题都是侧重于基础知识的简单题和中档题，真正的难题只有30%左右。所以，我们在复习时，也要把主要精力放在基础知识上，通过基础题和简单题，来熟练扎实地掌握基础知识。对于基础不是很好的同学，对难题要学会放弃，只要能做好做对简单题和一部分中档题，就能拿到不少的分数。而且，简单题涵盖的主要是基础知识，解题的方法也比较典型，只要做到一定的数量，都是不难掌握的。与其花大量的时间来做那些比较难的题，不如把精力主要放在简单题和基础题上。

即使对那些基础比较好的同学，也不是说难题做得越多越好，要根据自己的感觉适量地去做，前提是不会影响自己对基础知识的巩固和掌握，像小鹏那样，就有些得不偿失了。再说，许多难题也是由若干的简单的小问题组合而成的，可以分解成若干个简单题，基础越扎实的同学，往往也越会做难题，道理就在这里。

另外，还要注意的是，难题不等于偏题、怪题。对那些超出课本和考试范围的偏题怪题，不要在上面浪费时间，那对于我们的复习没有好处。我们说的难题，主要是一种综合题，考察的范围并没有超出我们学习的内容，只是覆盖的知识面比较广，要求我们把学过的知识，综合起来加以运用。有条件的同学，可以适当地多做一些这样的综合题，通过做综合题来进一步让自己的知识更加系统，这样可以培养自己综合运用知识的能力。这对我们的复习也是很有帮助的。

正确对待难题，对同学们提高复习效率有很大的帮助。除了难题外，如果能够做到巧用"错题本"，则对同学们的成绩提高有着更明显的作用。

北京四中是一所重点中学，每年都有很多学生考上北大清华。这所学校的老师和学生有一个法宝，那就是"错题本"。从初一开始，老师们就提醒学生，平时一定要注意自己各科学习中做错的题。曾经担任北京四中副校长的刘长铭老师，一再告诫学生们："错题本是个宝！一定要有！"

不只是北京四中的学生，许多成绩很好的同学，在谈到他们的学习经验时，都会不约而同地提到"错题本"。为什么他们这么看重"错题本"呢？"错题本"真的有这么大的用处么？

不管是在平时的复习过程中，还是在各种各样的考试中，我们都要做大量的题。成绩再好的同学，也不可能保证每一道题都做对。那么，怎样对待那些我们做错的题呢？是做错就算了，还是好好的认真总结呢？答案显然是后者。如果我们没有认真总结，以后遇到类似的题还会犯错误，那就太可惜了。其实，许多同学也都明白这样的道理，可是因为平时不太注意和重视，做错了的题就丢在脑后，不去理它，对老师的错题讲解也抱着无所谓的态度，也不仔细听，等到考试时碰到同样问题的时候，后悔已经来不及了。

如果我们平时就注意把做错的题记下来，做一个"错题本"，那情况就大不相同了。不只是记下来，每道错题我们还应该记下自己犯错的原因，应该注意的问题，最好把原题、错解、正解、出错原因、启示等五方面都做详细的记录。特别是那些考试中做错的题，更要认真地分析总结，不要知道成绩就算完事。有了这样一个"错题本"，我们在下次考试前好好翻一翻，再出现类似的题目我们肯定就不会放过了。只有在错误中不断吸取教训，不断改正自己，才能够不断进步。

有些同学可能会觉得做一个"错题本"太花时间了，其实在我们经常犯错误的地方多花点时间是应该的。我们在复习的时候，对于那些我们已经完全掌握的题目，大概浏览一下就可以了，把时间节省下来，去攻克那些我们还没有完全掌握的错题，这样才能提高我们的时间利用率，提高我们的复习效率。

还需要提醒大家的是，不只是数学这样的理科需要"错题本"，语文课也同样可以制作"错题本"。比如说，对那些容易记错、写错的字词，我们就可以做一个"常见错字表"、"常见易误读音表"。"错题本"没有一定的形式，只要是有利于我们的复习，能够帮助我们进步就可以了。

旧试卷的用处大

我们前面讲过复习时"错题本"的重要性，对于临考复习来说，以前的旧试卷也是一个宝贝，是一笔值得好好珍惜和利用的财富。

我们手中的各种测试和模拟试卷，基本上都是老师乃至整个教研组精心挑选和设计的，卷子上的题目都非常有意义。所以，我们要认真对待这些试卷，注意整理。可以说，做完一张试卷，仅仅是完成了一半的工作，只有对这张试卷上的内容进行归纳和整理，才可以说是完成全部的工作。

临考前翻阅旧试卷有很多好处。首先翻着这些以前的试卷，我们不禁又回到了以前考场上的氛围，这对我们克服临考前的紧张情绪是很有好处的。其次，就像我们刚才说的，这些试卷上的各种题型，都有很好的参考价值，很有典型性，考前再好好研究一下，可以让自己熟悉知识，熟悉方法，保持思维的灵活性。另外，翻看旧试卷，还要认真地看看自己做错的题，看自己究竟错在哪里，弄清楚错误的原因。通过考前的再次提醒，加深自己印象，可以避免考试中犯同样的错误。

对于准备中考的同学来说，一进入初三最好就养成试卷随发、随做、随整理的好习惯。整理旧试卷可以"野蛮"一点，不妨用剪刀和胶水对试卷进行"解体"和"重组"。把做错了的题目、内容有新意的题目、知识点掌握不牢固的题目从试卷上剪下来，贴在事先准备好的笔记本或者装订成册的旧卷子上面。

整理的过程中，题目要注意进行分类和归纳，不同科目要分开，要及时地对题目进行标注，特别是做错的题目。整理完后要参照卷子进行复习，临考前把已经整理好的各科试卷中的精华习题再看一看，想想自己在之前的考试中出现了什么问题，是不是已经解决了。这是考试前最后查漏补遗的机会了，我们一定要好好珍惜利用。

这么说来，这些旧试卷的用处还真不小，平时一定要好好保存，不要一考完就随便扔掉哦！

自己出题考自己

今天是期末考试前最后一节化学复习课，每个同学都早早地坐在了座位上，等着王老师在课上做最后的复习总结。上课铃声响了，王老师走上讲台，宣布了一个让所有人都大吃一惊的决定。王老师让每个人自己出一份期末考试的化学试卷，附上答案，这份试卷就作为这次期末考试的最后成绩。班上立刻炸开了锅，从来都是老师出题，还没听说过学生出考卷呢，大家都有些兴奋。

王老师微笑地看着大家，说出了自己的一番道理："今天就让大家都当回老师，尝尝出试卷的滋味。不过这可不是闹着玩，让大家出试卷，也是为了考察大家的知识水平。要出一份高水平的试卷，首先你自己就要达到一个比较高的知识水平，对不对？如果你自己都没掌握，怎么去考人家呢？而且，一份好试卷，要基本涵盖主要的知识点，题目要难易适当，要能考出考生的水平来。看起来有趣，其实可不轻松。只有把这学期的课程内容掌握透彻了，才能出好这份试卷。"同学们平静下来了，不过每个人的眼神中都闪出跃跃欲试的光芒。

给自己出试题，是一种很好的复习方法。就像王老师说的，出试题实际上是对自己学习效果的一种检验，而且用这种方法，我们会感觉到复习变得不那么枯燥了，我们不是被动地跟着老师转，而是学会了自己做主人，复习起来更有动力了，而且目标也更明确了。为了出好一份试卷，我们对各个知识点都要有透彻的把握和理解，对那些重点和难点尤其要下一番工夫。抱着这样一种动力和目标去复习，效率自然就有了很大的提高。

当我们开始动手出试题的时候，我们就临时扮演了老师的角色，就会体会到命题的种种门道。这道题考的是什么，要点在哪里，设置了什么陷阱，我们在琢磨这些问题的时候，是不是对老师的出题思路有了更深的理解了呢？以前做过的许多题，是不是有一种豁然开朗的感觉呢？等到我们真正上考场面对试卷的时候，面对那些试题，我们感觉肯定不一样了，我们肯定更加有信心有把握了。

给自己出一份试卷是一种很好的复习方法，不过也要花很多时间，同学们要根据自己的时间和复习进度的安排，量力而行。如果没有时间出一份完整的试卷，学着给自己或者同学有针对性的出几道题，效果也会不错。有了出题的经验，我们自己做题的时候，也可以有更高的眼光，去分析这道题是怎么出的，考的是什么，出得好不好。如果是我，我会怎么出，这样不仅有意思，对我们提高解题能力，好处也是不用说的。

提问有助于复习

小海是一个性格内向的孩子，平时不大爱跟人说话，至于遇到不懂的问题向老师和同学们请教，就更难为情了。期末复习的时候，小海总是一个人在那里埋头苦干。

有一天，小海复习数学的时候碰上了一个难题，怎么想也想不明白。这部分内容老师上课讲解的时候他就没怎么弄懂，也没及时向老师和同学请教，到了复习阶段才发现问题的严重性。小海心里又是着急，又是难过，又怕被别人看出来，面红耳赤。

坐在旁边的小飞看出来了，就很主动地上前去询问，正好这部分内容小飞掌握的也比较好，便很耐心地给小海讲解。很快地小海就知道自己的问题出在哪里了，把这一块知识弄懂了，才舒了一口气，脸上也露出了笑容。小飞通过这么一番讲解，对它们理解得也更加透彻，又帮助了同学，心里面也很高兴。从此，小海像变了个人似的，遇到问题就主动和同学们探讨，既及时解决了问题，和同学们的关系也越来越融洽。

复习是一项长期的劳动，像小海以前那样，总是一个人埋头钻研，冥思苦想，效果肯定不好，问题得不到解决，还会影响自己的学习情绪，心里面很容易产生疲劳。其实，向别人请教并不是什么丢人的事情，谁会在学习过程中永远一帆风顺呢！我们能看到很多例子，那些成绩优秀的同学，许多都是提问高手。复习的时候经常向老师请教，和同学讨论，显然比一个人单打独斗更有效率。而且在请教和讨论的过程中，既能互相启发，又能交流思想，增进友情，达到共同进步的目的。

如果碰到问题不及时请教，不懂装懂地拖延下去，或者抱着这部分内容不会考的侥幸心理，等到考场看到试卷，发现"天啊，这个问题我还没问呢"，后悔也来不及了。所以，复习的时候遇到问题就要马上解决。我们可以准备一个问题记录本，一有问题马上记下来，碰到老师或成绩较好的同学就问，再将结果记到本子上，这样就有了一笔宝贵财富，就像前面的"错题本"一样。这个问题记录本，记的都是学习中的薄弱环节，考前翻翻它，可以理清思路，增强信心。

学习成绩好的同学，也不要觉得给别人讲解问题会占用自己的复习时间，小飞就是很好的榜样。给别人讲解问题，会发现自己是不是真明白，如果讲不下去或者被问得卡住了，那说明自己还没有真正掌握。通过这种方式检验自己的复习效果，发现问题并及时解决岂不是一件好事？而且给别人讲一遍也可以使自己更加熟练，印象更加深刻。这样看来，帮助别人同时也是帮助自己，既能学透知识，又融洽了同学关系，提高了复习质量，何乐而不为呢？

测验也要认真考

除了期中、期末考试之外，我们平时还会经常做一些测验，而在中考这样的大考前，这样的测验就更多了，几乎是每周都有，有时候考得都让我们烦了。不过，可别随便应付这些测验，虽然不是正式的考试，但是还是要认真对待。

许多学校在进入复习阶段，经常采用"以考带练，以练带考"的办法，各类考试不断。我们确实很容易产生疲劳和厌倦心理。不过，有句话说得好："只有把现在的测验当大考来做，才能把将来的大考当测验来做。"你想，只要我们对待每次测验都像对待"大考"那样认真。那么，每一次测验都会成为我们的一笔财富。我们每个人都经历了那么多考试，积累了那么多经验，真正到考试的时候，早就是久经沙场的老将了，考试还有什么可怕的呢？"大考"对我们来说，就像平常的测验一样，当然就不会有什么紧张的感觉和发挥失常的现象了。

每次测验，对我们的复习都起到了检验和诊断的作用。我们通过测验了解前一段时间自己复习的效果，看到了自己在知识掌握和应试心理方面还存在哪些问题，这些都是很重要的，值得我们好好总结。每次测验和模拟考试，都是发现问题和积累经验的好机会，怎么能不好好珍惜呢？

另外，有些同学把模拟考试看得太重，有时候因为模考没考好而对考试失去信心，这也大可不必。模拟考试的失利只是前进中的一个小挫折，真正的较量还要看最后。本来模拟考试就是为了发现问题的，出了问题是好事，这样我们还有时间去好好总结。其实，许多同学在模拟考试中没考好，但在最后的考试中却取得了骄人的成绩，这样的例子很多。所以，我们一定要正确对待模拟考试。

当然，模拟考试发挥出色也不必过于陶醉，千万不能麻痹大意放松复习。对于测验和模拟考试，我们看重的不是分数，而是踏踏实实地从中发现问题，积累经验，为我们的考试打下坚实的基础。

全面重点两兼顾

临考复习属于强化复习，它和我们平时的复习还是不大一样。具体有什么不同呢？简单地说，可以归结为八个字：保证全面，重点出击。

首先就是要保证全面，决不能有任何遗漏。如果考试中因为该复习的内容没有复习到而丢分，那该有多亏啊。所以，我们一方面要好好利用以前的复习成果，从头再来一遍复习肯定是不可能的。我们先前做的许多复习总结这个时候就派上用场了，也许是一个复习笔记本，也许是几张图表，也许是一个错题本等等。总之，凡是我们平时认真系统总结的成果，我们这个时候都要好好利用，它们是高度"浓缩"的复习总结。这样我们在考前冲刺阶段，就可以在较短时间内抓住知识要点，实现全面系统复习各科知识的目的。

另一方面，那就是要好好利用课本了。复习的时候难免会有些遗漏，有些偏差，这个时候我们就要用课本来检查一下，看看有没有这种情况发生。通过阅读课本，把基础知识再过一遍。许多同学到复习的最后阶段还在大量做题，实际上做题很难保证把知识点都覆盖完全，因为在数学、物理这些理科方面，确实有一些知识点在题目中是出现得比较少的。所以，这时应该对照课本和考试说明，把知识点再过一遍，保证不要有遗漏。

另外，阅读课本也会帮助我们把知识再做一番系统的总结。看课本的目录标题，看自己平时勾画的重点，来一科一科地回忆复习的内容。特别是目录标题，就像一条线索一样，把各章节各个知识点联系起来了，这样我们在回忆的时候，就能很快地在脑子里形成了一个完整清晰的知识网络，自然就胸有成竹，底气十足了。

在阅读课本的过程中，如果发现有遗漏或者生疏的地方，也不要心慌。首先你应该感到庆幸，幸亏自己在考试前发现了。再者，即使有一点遗漏或者生疏的内容，肯定也不会很多。这说明通过这么长时间的复习，绝大部分内容你是掌握得很好的，复习的目的基本上已经达到了。已经掌握的内容可以一带而过，剩下的就是重点解决这些还比较薄弱的环节，这就是我们说的重点突击。通过考前的重点突击和补充，这些漏洞是完全可以被弥补的。

另外，临考前还可以做一些强化记忆的工作，因为短时期内会见效比较快。比如说重要的概念、公式、定理，重要的词汇和语法规则，重要的历史事件，重要的理论和观点，都可以做一些强化的记忆，加深和巩固印象。这样考试用到的时候就可以手到擒来。

最后还要说明一点，临考前不应该再大量做题，但这并不是说不需要做题。做适当的题目还是必要的，这样可以保持对题目的熟悉。要是上考场手太生的话，会造成紧张的。如果是参加中考，适当地做一些模拟题，让自己适应和熟悉中考的氛围，也是很有必要的。但最后阶段做题跟前面复习时做题还是不一样，最后只要做一些基本的、典型的题，而且量不要大，主要是为了保持熟悉，避免手生。

最后冲刺很关键

复习了那么长时间，没几天就要上考场了，这个时候还要不要复习呢？是彻底放松地休息几天？还是按照以前的习惯接着复习？还是要做一些调整呢？这些问题都是很重要的，直接影响到考试的成绩。

首先要肯定的是，现在还没到彻底放松的时候。相反，这个时候更应该加把劲儿，做最后的冲刺。这时候应该是把以前的复习内容做最后的系统总结，看看还有没有什么漏洞。所以，最重要的复习材料是课本。好好地再细读一遍课本，再结合前面的复习，你会突然发现知识在头脑里面已经形成了一个比较系统的体系，回忆起来特别清晰，那么恭喜你，说明你真的得到一次可喜的飞跃了。

除此之外，老师最后的提示和总结也非常重要，一定要细心听讲，细心体会，因为这里面往往会涉及考试的重点和具体的范围，都是很有针对性的。

上面说的都是平常的期末考试或者期中考试，也就是我们前面说的"小考"。那么，对于中考这样的"大考"呢？还有一个非常重要的复习材料，就是考试说明，或者说考纲。考试说明一般都是由教育主管部门颁发，其中对各科的考试内容、范围、形式、试卷的难易程度、试卷结构和题型，都会有清楚地详细地明。我们应该尽可能地对考试说明从头到尾、逐字逐句地仔细阅读，对照自己的实际情况，找出自己的强弱项，以考试说明为标准，来进行复习和巩固。

如果有条件，看看能不能借到或买到前一年的考试说明，将两年对照起来看。一般来说，考试说明不会有特别大的变化，但是有一点变化都是要特别注意的，因为这些变化都是今年考试方向和内容的提示，可以从里面推断出中考的命题方向。

一般来说，临考前再做大量的习题效果不大，这个时候应该把注意力转到课本和考试说明上，对照已经复习过的内容，结合发现的漏洞和做题的经验，做最后的强化复习。由于前面已经做了充分的复习，所以这个时候很容易把自己提升到一个新高度。

第十一章

考场心态调适

考生在考场上必须要有最佳心态，才能发挥出自己的水平，甚至可以发挥出超常的水平。在考试的整个过程中，要学会对自己的心态进行调适，尤其在出现紧张、焦虑等情况时，更应该按照科学的方法进行适时的调节。只有在考场上保持良好的心态，才有可能取得理想的成绩。

考场要有好心态

日本心理学家春山茂雄在他所著的《脑内革命》一书中指出：不论遇到多么不愉快的事情，只要采取积极向前看的心态，脑内就分泌出对身体有益的荷尔蒙；不论自己所处的环境多么优越，只要心情怨怒憎恨、忧愁苦闷，脑内就分泌出对身体有害的物质。有益荷尔蒙（脑内啡呔）即快乐物质，不仅使人产生愉快感，还能够提高免疫力、增强记忆力、锻炼耐力等等多种功能。而有害物质则会导致人体免疫力下降、思维迟钝、精神不振等现象发生。作者在本书中还针对性极强地指出：复习与考试期间，免疫力急剧下降，原因就是精神受到紧张刺激的缘故。因此，问题的关键不在考试本身，而是以何种心态看待考试、对待考试。

考试之前，考生们总是大为苦恼："不及格怎么办，考不上怎么办？"换一个思路可以这样想："考试不能定终身，一次、两次考不好有什么关系，还有下一次嘛！"想法不同，结果就不一样。

对于考生如何看待一两次的考试失误，如何对待一两次的考试失败，如何面对一两次的名落孙山，就成为能否获得最终成功的关键所在。

心理学家指出：人生、考试获得成功的秘诀是："想好事，好事降临；想坏事，坏事敲门。"有了好的心态，考试时就能发挥出自己的正常水平，不良心态则会导致考试失败。

有的考生感叹地说："我在考试时常常会紧张，因此发挥不出平日应有的实力。"实际上，这种紧张是一种进行重要事情前的心理准备，因此不必太在意。可话又说回来，如果过度紧张而无法集中精力时，就必须采取措施了。其中的一种方法是"考试仪式"。

可能有不少读者对"考试仪式"这个名词比较陌生，但相信各位大概听说过"就寝仪式"，就是经由一些程序才能入睡的方式。例如给常常啼哭的婴儿盖上毛巾被，使他安心入睡，也可以说是"就寝仪式"的一种。

通过这种方法，利用某种程序来防止紧张，就是我所说的"考试仪式"，方法可随意安排。例如：在答卷之前，先摘下手表放在桌子上，或者借着擦眼镜、整整腰带等动作来缓和紧张的情绪，这就是一种仪式，其目的不外乎准备接受考试。总之，在关键时刻，利用这个方法能使精神得到放松。

在考场上时，要对自己始终充满自信，相信一分耕耘一分收获。即使遇到棘手难解的问题，也用积极的自我暗示，静下心来，沉着面对。考场上要沉稳、镇静，遇到容易的试题不马虎，遇到较难的试题也不心慌，始终保持愿意接受挑战的积极主动心态。

整个考试过程中，一切事情都往好处想，始终以稳定、轻松的情绪面对考试。如考完一门课后，不要担心考好考坏而影响情绪，应集中精力投入下一门的考试，更不要考完后与同学对答案，增加心理负担。

在考场上，不管遇到任何不顺和麻烦，有意识地以愉悦快活的心态面对，充分运用积极向上的自我暗示和放松这两个法宝战胜之。

需要特别指出的是，考场上的心态调节固然重要，但考试前一两个小时的心态调节，对于大脑进入最佳状态更为重要。过去认为考前的心情要保持安静，近年来的研究认为，考前做适当的调适有利于考试水平的发挥。

考生要注意，考什么就只想什么。如今日上午考数学，在考前一个小时左右就闭目回忆一下重要的公式、定理等，而不要去想别的科目。在考语文或英语之前，可以大声朗读自己最喜爱的课文，通过语言激活大脑。考前可以回想自己历次考试中曾体验过的成功、自豪等经历，这样使自己进入一种充满自信的良好心境之中，从而促进大脑分泌有益物质，增进思维、记忆等能力。考前也可以听听自己喜欢的音乐，使自己的心境处于愉悦之中，也有利于激活大脑。

学会在考场上休息

经常听见同学们在考试后说考试时出现疲乏困倦，浑身不舒服，思维阻塞，迟钝以致中断等情况，其实这就是大脑疲劳的现象。这个时候你就应该让大脑适当地休息一下，然后再继续答题。

在紧张的考试中为什么还要拿出时间做大脑的休息放松呢？同学们都知道，一些重要考试，如中考、高考，一般每次考一个科目的时间都在2个小时左右。这种较长时间的高强度的脑力活动，容易造成大脑疲劳，从而影响考试成绩。在考试过程中，如果能巧妙地采取一些适当的方法进行自我调适，有利于稳定考试心态，并能开发大脑的潜能，发挥出应有的水平甚至会超水平发挥。下面介绍几种简单的方法。

闭目养神法：假如答题感到疲劳或思维出现了障碍，可暂停答题，闭目臆想身心放松，使脑子入静；也可以自由想象，自觉心情舒服，时间为 30～50 秒，最长 1 分钟即可。然后再开始答题，思维会变得敏捷而灵活。

转移注意力：精力高度集中之后就容易产生疲劳，如果你感到很疲劳而无法正常思考问题的话，你可以试试把注意力转移到无关的东西上。比如在草稿纸上画点什么，或者向窗外看一会儿，这些都有利于调节你的神经，快速解除疲劳。

穴位按摩法：答题时，遇到头昏脑涨时，首先一手按压另一只手的合谷穴（虎口处），再交换按压，约 5 秒钟即可。然后再用两手的食指和中指同时压在百会穴（头顶中心处）上，轻压 5 秒钟。压的时候，要缓缓吐气。或者可以把双手十指叉开，插入头发中，轻轻按揉 3 次，能增加大脑皮层的血液循环，起到提神作用。这样可以缓解上述症状，并能使注意力集中，安定精神。

伸展放松法：考场上由于情绪紧张，答题量大，眼睛很容易疲劳，这时可做一下眼睛的调适，减缓疲劳。具体操作的方法是：把眼睛的注意力转移到远、近两点。先闭目片刻，接着突然睁开眼看近点；用同样的方法看远点，反复 3 次即可达到调适视力和振奋精神的作用。一直保持一个姿势也很容易让人疲劳，这时你可以在不影响其他同学的情况下适当的伸展伸展你的手和腿，让血液更加通畅，让大脑的供血更充足。

深呼吸法：用鼻深吸气，用口深呼气，同时臆想"放松"，反复深呼吸 3 次即可。这样，可以缓解长期处于高度紧张的交感神经，促使交感神经与副交感神经达到平衡，达到头脑清醒、消除疲劳的作用。

这些方法我们可以平时多多训练，考试的时候就能派上用场了。

要注意，这里是教大家如何在考场上休息和调节，不是让大家完全放松。特别是在做题比较顺的时候放松自己，很容易就飘飘然，那时候你离粗心大意犯错误就不远了。

考试紧张要不得

"考试紧张综合征"是应试人群中最常见的心理障碍症。其主要表现为：考试中心神不定，精神极度焦虑，记忆力下降，思维迟钝，并容易出现各种不良生理反应，如发烧、头晕、头痛、心跳加快、出虚汗，甚至休克。考试时感到头脑出现空白，思维能力降低，手足无措，心慌意乱，难以控制自己的情绪和思维，对考不好的严重后果感到恐惧。

专家认为："考试紧张综合征"是由于个体将注意力过度集中于不可预期的目标或超出自己能力的较高目标而产生的强大的心理压力，它主要涉及两个关键因素：一是个体的注意力的指向，即你"在乎"什么；二是你的预定目标，即你期望得到的结果是什么。

一般来说，面对重大挑战，人们都会产生一定程度的心理紧张，这是很正常的，属于一种保护性的反应。但是，如果在考试之中紧张超过一定的度，就极易产生"考试紧张综合征"。

有这样一位同学，他简直就把高考看成了自己的生命。他一天到晚地学习，简直使自己变成了一个没有任何喘息时间的学习机器，神经之弦绷到了极点。可是，就在考试前夕，这根弦却不堪重负绷断了。他开始怀疑自己，总觉得自己什么也没学好，自己漏洞太多，自己粗心恶习难改，简直不能容忍……总之，他对自己非常不满意，甚至开始讨厌自己，进而恐慌不已，害怕落榜。结果，考前一夜未眠。在考场上，他头脑昏沉，思维迟钝，很容易的题目也不会做。他一下子紧张得汗流浃背，手脚不停地哆嗦，根本没有办法进行考试。越是这样，他越是难以控制自己的紧张情绪，最终晕倒在考场，备考的艰辛和努力也付之东流。

那么，在考场上如何调试紧张的情绪呢？

考生一进考场就感到紧张和有压力，适度的紧张和压力说明考生身心的功能在积极运转起来，能很好地投入到考试中，发挥自己的水平。正如演说家、足球运动员、音乐家等在开始表演之前也有适度的紧张反应一样，这说明考生很重视考试。

有些考生一进入考场就高度紧张，这样会影响到考试，就需要调节了。可以采用面部微笑法来进行调节。面部一微笑，就说明面部放松了，面部放松了才会引起全身放松，才能对抗紧张。另外，也可以在正式开考前10分钟左右进入考场，这期间与其他考生聊聊天，也可以消除过度紧张情绪。

在考试的过程中，有的考生会产生紧张情绪，脉搏加快，面色苍白，额头冒汗，惊惶失措，这就是考场上的过度焦虑症。

对付这种情况，首先就是要沉着冷静，做深呼吸。即用鼻深吸气，不能再吸时，稍停。同时配合腹部内凹陷，然后用口慢慢呼出，配合腹部向外凸起（称反腹式放松呼吸法），同时默念放松、放松。反复深呼吸3~5次，这样可以使交感神经兴奋性下降，使副交感神经兴奋性增强。同时可以增加氧气的吸入、二氧化碳的排出。这样不但有利于消除过度焦虑，还可以促使头脑清醒。

然后，可以闭目，臆想全身放松、放松，片刻即可。当症状有所缓解，也不要急于答题，先把考试卷从头到尾浏览一遍，做到心中有数，再开始答题。

一个人在精神紧张的时候，为了使心情平静，会无意识地触摸某个物件或者动动手脚，做一些简单的动作。这在心理学上也是一种"心理结构"，例如："抖擞腿"就是最典型的动作。

为了防止考试时的紧张情绪，可以有意识地运用这种无意识的心理结构。比如刻意去玩弄一下铅笔或橡皮等来活动手指，或者用手轻轻敲打膝盖。考前几分钟和考试中做这些简单的动作，会让紧张的情绪渐渐缓和，肩膀的压力也会慢慢地放松。

有些考生在答卷中碰到难题做不出来，出现思维中断，即思维发生紊乱，大脑一片空白，原来会的也不会了，于是很着急，拼命想，可是越急越是想不出来，对考试也失去了信心。这是由于大脑持续高度紧张工作过程中产生的疲劳所致。

调节这种紧张的方法首先也是控制自己的情绪，不要惊慌和焦虑不安，进行暂时的遗忘。这时可以暂时休息一下，闭目放松，使高度紧张的大脑平静下来，做深呼吸，深呼吸时默念放松、放松，深呼吸3～5次，可以很快恢复记忆。其次可通过多种线索来帮助回忆有关内容。如在哪一章节里就有与试题相近的内容，老师讲那个内容的情景，自己曾做过什么笔记，老师讲解时你曾联想到什么相关的问题。通过这些不同角度的联想，你能迅速回忆起学过的相关内容。或者暂且放下这个题，先做别的题，转变思路，大脑的兴奋点就得到了适当的转移，避开了长时间固定在一点上所产生的大脑疲劳抑制。

避免情绪涣散症

和考试中出现紧张情绪相反，有的考生在考试之中情绪过于低落，精神萎靡不振，这就是"考试情绪涣散症"。导致情绪涣散的原因很多，如缺乏考试动机或动机水平不强、心境不佳、生理低潮和疾病等。患有"考试情绪涣散症"的考生很难取得好的考试成绩。

有一个人在注册会计师的备考过程中一直都很努力。在外人看来，准备得应该是颇有成效，应该能成功的。可是，结果却出乎意料，在精心准备的三门考试中，只有一门勉强通过。在被问及原因时，他苦笑着说："考前两天时，我情绪突然非常低落，提不起一点精神，这种状态一直持续到考试结束。在考场上，我倒是一点也不紧张，反而感觉松松垮垮的，对题目不仅没有兴趣，而且找不到一点做题的感觉。这样一来，精力也集中不起来，做题时有一下没一下的，好像总是被一个无形的罩子罩着似的，伸展不开手脚，也不想伸展手脚。就这样无精打采地进入考场，又无精打采地走出考场。所以，有这样的结果，我一点都不奇怪。"

"考试情绪涣散症"是太缺乏紧张感的表现，是一种考试的病态，而不是考试的正常状态，更不是考试的最佳状态。

那么，什么是考试的正常状态呢？

能够将自己的注意力专注于考试，基本能全部摒弃噪声的干扰，其他应试者的举动，监考人的走动，考场里的温度，以及对考试结果的种种猜测等非正常因素。

什么是考试的最佳状态呢？成功的过来人这样说：

"我放松，所以我胜利。"

"有一点兴奋，有一点紧张。"

"成功＝平常心＋苦干＋巧干。"

"放下包袱，轻装上阵。"

"自信乐观有助考好。"

"保持信心，不必太在乎考试的结果。"

"把考试当作真正能展示自己的机会。"

"竞争意识与平常心态并重。"

专家认为，在一些关键性考试中如中考、高考中，人们产生一些紧张情绪是自然的、正常的，而且是必然的。因为如果没有适度的紧张，人在太松弛状态下，将不能产生考试所需的高度精神集中和智慧力量，因而也就发挥不出最佳的水平，因而并非所有的考试紧张都是有害的。

许多研究也证明，适度紧张可以维持考生的兴奋性，增强学习的积极性和自觉性，提高注意力和反应速度等。也就是说，在考试及其准备过程中，维持一定程度的紧张是有必要的。专家指出，紧张的动机和学习成绩呈"倒U形曲线"，即紧张水平过低、动机过弱也不能激起应试的积极性。学习效率在一定范围内随着紧张程度的增强而提高，但过强的动机表现为高度焦虑和紧张，反而引起学习效率的降低。

因此，最佳的、恰到好处的考试状态就在这个"倒U形曲线"的最顶端，即适度的紧张和兴奋。

自我暗示有佳效

在考场上，自我暗示法是自我调整心态的一种简单、易行、效果好的调节方法。考场上会有各种各样的干扰因素，考生脑中出现各种各样的杂念，这样势必会影响到自己的思维活动，对考试十分不利。现将考场上常见的不良因素及相关暗示疗法介绍如下：

考场上出现了紧张情绪后，可用暗示法，对自己默念不要紧张，放松！放松！这样可以使自己的情绪平静下来。

考场上一旦出现了心慌、气短、头昏、脑涨等情况。考生可一边深呼吸，一边自我暗示："不要慌、不要慌……"，"我已经不慌了。"反复几次就会好多了。

考场上一旦出现了信心不足的现象，考生要一边一手竖起大拇指（表示自信），一边采取积极的自我暗示："我有自信"、"困难压不倒我的"、"我考试一定会成功的。"

这种积极的自我暗示，说明考生清楚地意识到在考场上一旦出现不良情况，需立即用积极心态进行调节，以免消极心态破坏情绪，影响考试的正常发挥。这是主动解决的心态占了上风，是心理健康的具体表现，是考试获得成功的重要环节。

头脑发懵要冷静

考试的过程中，有时候会遇到一些意外情况。头脑一下子就懵了，甚至一片空白，这时候一定要沉着冷静，耐心地寻找解决问题的办法。

有些问题是由于外部因素造成的，比如，发现试卷有印刷的问题，或者老师少发给你试卷了，或者答题中自己的笔突然坏了，这时我们要礼貌地向监考老师举手示意，请老师及时地帮助解决。

更多的时候则是由于我们碰到难题，头脑一下子发懵，心情也慌乱起来。这个时候我们可以先不必急着答题，做几下深呼吸，让怦怦乱跳的心平静下来，或者轻轻闭上眼睛，放松、稳定自己的情绪。要是因为怕耽误时间而心里发急，就会影响自己思维和记忆的效率，反而造成"欲速则不达"。

还有一种情况，是我们在复查的时候发现了错误，也容易发懵乃至慌乱，有时候反而把做对的题改错了。这时我们要静下心来，再次反复检查是否真的错了。发现错误后，一定要从不同角度用不同思路再次确认是不是真错了，千万不要慌忙动手就改。因为我们第一遍做题的时候，思维比较活跃，而且第一感往往是比较可靠的，准确的可能性比较大，所以如果不是确定有错误，复查时还是不要轻易改动的好。

答题时一下子想不起来记住的内容，也是经常出现的现象，我们把它叫做"记忆堵塞"。这个时候我们首先要做的也是要保持冷静，调整呼吸，如果还是想不起来，就暂时搁下，开始做别的题，过段时间后也许你就想起来了。或者后面的某道相关的题给你提供了思路，也会帮助你想起来。

要是回过头来还是想不起来，我们不妨用联想的方法，努力回忆那些与这个内容有关的一些知识，看看里面有没有什么线索。或者好好回忆自己的笔记本和课本，如果这个问题出自一本书，要尽量想象它在书中的哪一页，想象在它前面是什么问题，在它后面是什么问题。这个方法往往很有效，有时候甚至能一一回忆出那一页的插图、标题等。这样，问题自然就解决了。因为通过视觉得到的记忆，要比通过耳朵听到的更加深刻，所以它的线索也比较牢靠。反过来，如果我们平常在笔记或书本上多记些符号或插图什么的，也可以帮助我们记忆。

如果经过这么一番努力，我们还是想不起来，那我们只好认了。归根结底，说明我们记得还是不够牢固，准备得还是不够充分，那就什么也别说了，下次再好好努力吧！

考试中还有一个问题也是经常出现的，那就是控制不住地翻来覆去地去做一道题或者想一道题，结果把时间白白耽误了。

有些同学考试时因为担心出错，总是在一道题目上反复地审题、解题、检查，做一遍不放心，要反复做几遍才放心，结果白白浪费了很多时间。还有的同学碰到难题，本来准备暂时搁下，回过头来再做，可是在做后面题的时候，还是忍不住去想这道题，结果后面的题目也没做好。这个时候我们一定要学会控制自己，做完一道题后马上做下一道，尽管脑子里还想思考上一道题。不要责怪自己，也不要放纵自己的思维，要用你的行动来牵扯你的思维。当你做下一道题时，大脑自然而然地就会跟上来的。实在不行，我们可以先停下来，调节一下自己的大脑，然后全身心地投入到下面的题目中去。

还有的同学考试过程中总是隔一会儿就看看表，我们当然要注意时间的把握，但是经常看表只会加剧自己心情的紧张。特别是在你答题卡壳的时候看表，题目没做出来，时间却在一分一秒地往前走。于是你急得满头大汗，心慌意乱，自然就会极大地影响答题的质量和速度。

考试是一种高强度的脑力活动，它不仅检验我们的知识水平，同时也考验我们的心理素质和应变能力。考试中始终保持镇静，控制住自己的情绪，这一点是非常重要的。只有这样，我们才能发挥出自己应有的水平，考出理想的成绩。

回忆知识有诀窍

在考场上考试的时候，可能会出现突然想不起来某一个知识点的情况。有的同学因为一时想不起要用到的知识，而急得满头大汗，影响到下面试题的解答，最终影响了考试成绩是非常可惜的事情。因此，在考场上，学会回忆一时忘记的知识，掌握具体的诀窍，对于调整自己的考场心态非常重要。

回忆一时忘记的知识，这种记忆的再生有些像刑警办案一样。刑警依靠留在现场的线索顺藤摸瓜，最后逐步找出凶手。要想回忆已经遗忘的事，也必须靠遗留在脑子里的痕迹，慢慢回溯下去，这样才有可能找出记忆的线索。

因此，当初记忆时所使用的笔记和课本均可能成为宝贵的线索。在回忆具体知识的时候，应该先试着回忆一下当时的情景，那条消息是从哪里得来的，笔记？教科书？还是参考资料？一旦回忆起消息的来源，再进一步想想到底在哪一页？"噢，对了！是有墨渍的那一页"或"有一张大照片的那一页"，这样便可以想起来了。

要想回忆数学公式、英文单词，首先要在脑子里浮现出整体的形态。背英语单词的时候，有些人会发出喃喃自语的声音，有些人反复写在纸上来记忆，还有些人则只用眼睛看。这些不同的记忆方式，无非都是利用感觉器官给予脑部强烈的刺激，可说相当有效。

人类是通过视觉、听觉、嗅觉、味觉、触觉这五种感觉来接受外部刺激的。不过，也有人说："人类本是视觉动物。"为什么这样说呢？因为在五种感官之中，视觉所得到的刺激在记忆中占最重要的位置。假设让你回忆一下昨天的事情，比如关于上学时车站的情形，你可能并不是通过车站的广播，而是从坐在月台的长凳上，那位正在背英文单词的女学生为线索，慢慢地回忆出全部。

例如，在考试的时候把答案忘记了，或者认为可能不太正确，缺乏自信时。视觉上的记忆便能发挥意想不到的效果，比方说英文单词 very 而不是 berry，只要在脑子里写一下，你马上就能发现哪个正确。

若想回忆人名、年号时，闭起眼睛想一想整体的形状。例如："一九六九年"并不是将它拆成一和九、六和九的单独数字来记，而是四个数字连在一起记。因此，平时要多练习依靠视觉的记忆方法。

忘记答案时，反复看几遍问题，可以从中得到启示。解答不出某道题的时候，可以仔细看问题本身，看看里面有没有什么提示帮助你进行回忆，或者可诱导出你记忆时的状态。

出题者都明白一个道理，要让解答者写出答案，必须把这个答案的周边内容，通过问题提示给对方，否则出题的意图就不明确了。因此，从心理学的角度来看，出题者都认为为了使考生能够了解问题，必须尽可能地把一切条件都写上。否则，会使人产生误解，也就是说，只要仔细看清问题即可作答。同时，这也包括了问题解法的指针。所以，虽然一时做不出来，但在反复琢磨问题的过程中，也能找出回忆的线索，这种例子每每可见。

有位学生在数学考试时，他以附在问题后面的 $a > 0$ 为线索，想出了原本忘记的数学公式。当出题者写上 $a > 0$ 时即表示："在 a 比 0 大的范围内找出答案"，如果"a 不比 0 大，那么你所用的公式就错了"。这个例子很典型。因此，该学生就是通过写在问题中的提示拿到了分。

想要恢复记忆时，就要如从一大堆纸当中，找出一张纸。唯有知道这张纸是在这一堆中的哪一部分，再由那个部分一张一张地找下去，才可能找到。但是有时会忘了用什么顺序收集在哪一部分。此时，除了依次把一大堆纸都找遍之外，毫无别的办法。

如果没有办法找到问题答案的线索时，不妨像小鸟一样，不断地撞击玻璃来促进脑部的运动（爆发性的挣扎运动），或者反复喃喃自语，使脑部灵活。这个时候，可能突然想起来自己所要的那张纸放在了这一大堆纸的哪个部分，最后把它找出来。

或许有人要问，回忆得有个头绪吧。虽然记忆是各自独立的，但是记忆与记忆之间都有其微妙的连贯关系，只是我们未曾发觉而已。就像在毫无关联的纸堆中，你会突然发现自己所要的那张纸一样。同样地，看来平凡无奇的一些行为，比方说用手拍拍脑袋，却很可能帮助你回忆。

开拓思路有方法

考场上解题，开拓思路十分重要。有的同学考完以后说："这些知识都会，可是就在考场上想不出来了。"这就是因为考生找不到开拓思路的途径，钻进了死胡同始终走出不来。为了避免这种情况的出现，就需要调整考场心态，学会开拓思路的方法。

思路受阻主要是因为思路窄，就如同打仗一样，明明有军队，但因道路窄或道路时断时续，即使有现代化的部队也不能及时调到战场上。如果开拓了思路，那就好像纵横交错的大道都通向战场。将军可以任意调动各路大军迅速到达第一线，作出最佳的出击。

因此，掌握考场上开拓思路的方法就非常必要。开拓思路，需要在平时下大力气进行练习，要注意各种有效的思维方法。下面就介绍一些考场上可以使用的思维方法。

相似思考法：抓住事物的相似之处，由此及彼，开拓思路。比如，某一年高考作文题是"树木、森林、气候"。不少考生思路局限于自然界里的树木、森林和气候之间的关系。若你使用相似思考法，你就会从自然的思考中超越出来，联想到个人、集体和国家的关系，联想到人才、社会和文明的关系，从社会、人生的层次上作新的构思。

相反思考法：从反面去剖析、反证、推理、概括或理解设想问题。思考中经常问自己："如果倒过来，会怎么样？"如"老马识途"，可以正面立意，老一代的经验是极为宝贵的，也可以反面立意，老马识的路是老路，老路对现代化建设是行不通的。用相反思考法，正中求反、异中求新，往往独辟蹊径。

对比思考法：将难解的题目和记忆中的某些相似、相反题进行对照比较，分析题型异同，从而确立思路的异同。例如练过"缩写"这种作文形式，而测试的恰恰是没练过的"扩写"；将这两种方式进行比较、分析、对照，就确定出相应的思路，对提供的内容认真分析综合、确定中心、安排好重点、详略。抓住最能体现中心的场面、细节进行扩充，进行细致、生动的描写，做到内容充实具体，情感真切动人，中心明确而突出。

溯源思考法：在知道一种现象后，不要仅仅局限于现象表层的思考，而要进一步探究现象的本源。比如，关于大兴安岭失火原因的思考题，就可以按照下面的思考法来进行解答。从现象上说，火灾起于肇事者的火种，但为什么会有肇事者的火种？这里有人事原因，人事原因中又有制度原因，制度原因中又有历史原因和现实原因，顺藤摸瓜，问题就越来越明朗。

多路思考法：将思路从各个角度扩散开去，向四面八方辐射。构思《读〈滥竽充数〉有感》，通常从指责南郭先生不懂装懂角度发议论，一旦进行多路思考就会发现许多新的立意，如批评乐队队长的官僚主义，赞扬齐王"好一二听之"等。

换元思考法：任何事物都由多种因素构成，本质上具有多元性。在思考中，如果朝一个方向行不通，就应及时改变方向，亦即换元。比如，某省的中考作文《家庭的风波》，构思时可以换元为《学校的风波》、《一件小事的风波》等进行思考。思路开拓了，再回到"家庭"写风波，就顺手了。

分解思考法：对一些综合性较强的题目，难以一下求得问题的解决，便可用分解思考法。将综合题分为若干小问题，一一攻破，然后再综合起来。如数学证明中，前一个证明的结论为后一个证明的前提，在解题时就可分为两个小问题，依次思考求证，再联系起来求证。

开拓思路不是平原跑野马，漫无边际。它是在特定的题旨下，提供选择项。因而思路一经开拓，就要果断选择，切忌患得患失，优柔寡断。如有的考生写作文时作了多种构思，沿着这种思路写了一段，沿着那种思路又写了一段，用心不专，就会半途而废。

少受前面的影响

考试之中，失误总是在所难免，应试者出现某一场考试发挥失常的现象也是常有之事。关键是怎样从失利的阴影走出来。而有的考生却在参加过一门考试后，由于发挥得不好，就对自己失去了信心，影响到后面继续进行的考试。所以，学会及时地从先前失利的阴影中走出来，对于考生来说是一项非常有必要掌握的技能。

我们来看看高考状元石锐是怎么做的。石锐在参加高考的考场上就经历了发挥失常的情况。数学本是她的强项，可她居然来不及算完最后几道大题。好在她平时就以面对高考的心情去面对每一次考试、面对因考试而生的种种情绪波动，所以练就了一种处变不惊的能力，这种能力甚至成为习惯。这一习惯使她在数学考砸后，几乎一点儿事也没有地美美地睡了个午觉。下午进入考场前，她又走到数学老师面前，将上午发生的事情坦诚相告。渐渐地，心中的阴影一扫而空。她以前所未有的轻松状态走进自己的弱项——物理的考场，结果她奇取了 149 分的高分，距满分只差一分。还是那种平静只往前看的心态，又伴随她走进"非优势项"化学的考场，结果夺取了 146 分的高分。

石锐只是个例子，但是从中我们却可以获得一些启示。当某一场考试失误后，我们应该尽快让自己冷静下来。用"心"做镜子，给自己画个像，画个真实的自己，给自己一个正确客观的评价。应充分估计自己的能力水平，要对自己近来的学习状况，特别是下一科的考试科目做实事求是的分析和评估，预测自己在最佳状况下所能发挥出的最高水平，不要盲目乐观，更不能低估自己。

要为自己注射一支"自信剂"，相信拼了就会赢。振奋士气，树立必胜信心是下一场考试取得成功的关键基础。给自己注射一支"自信剂"，在战略上要相信自己一定能发挥出最佳水平，而在战术上要认真细致，顽强刻苦，努力拼搏，能拿的分数拿到手，不能拿的不可惜，使自己始终处于自信而不自满，自尊而不自负的心理状态。这样就能够镇定自若，成竹在胸，去一题一题、一场一场地夺取胜利。

过去的不可追，当下的要抓紧。已经成为过去的事情怎么想都没有用。不能控制自己，任凭考试失利的阴影干扰自己的头脑，是没有价值、得不偿失的。不妨告诉自己，"事事不能尽如我意，但求无愧我心"。与其让失利的阴影束缚自己，不如泰然处之，顺应考试，以已学的知识和能力顺应考试，调动能动性，抓紧时间，马上行动起来，尽快投入到下一场考试的备战之中。

失误是难免的，重要的是迅速摆脱阴影，"堤内损失堤外补"，就可以"柳暗花明又一村"了。

第十二章

考场答题有技巧

在经过了紧张的复习之后，终于走进了考场，准备了那么长时间，终于到了用武之地。不过别着急，考场上我们还会碰到许多大大小小的问题，千万不能大意。另外，考试还有一些小窍门，可以帮助你在考场上更轻松地答题。让我们现在就来看看，考场答题都有哪些需要注意的技巧。

用好考前五分钟

在进入考场到老师发卷之前的这段时间，可能是同学们感觉最漫长的一段时间，有的同学坐立不安，不知道该怎么办才好，有的同学胡思乱想，猜想着一会儿的试卷会有什么样的题；有的同学就想着怎么能再看会书，怎么能再看会复习资料。其实这样的做法只能让你更加紧张，怎么能从容自信地面对考试呢？我们不妨来听听熊炎兵同学讲他这个时候会做些什么。

我首先会再次确认我的考试用具是否都在，特别是一些细节上的。比如铅笔、橡皮、作图工具等。如果发现有少东西，也千万不要着急，举手示意监考人员，让监考人员帮忙想办法一起解决。不要怕羞，这个时候监考人员肯定是十分愿意帮助你的。

然后我会做一些活动大脑和身体的运动。先闭上眼睛，然后做深呼吸。让气流慢慢地呼出，呼气的同时对自己说："静心、静心、静心"，脑袋里想着自己在美丽宽阔的草原上，微风轻轻地吹过你的脸，风中还有青草的味道。慢慢地，那种紧张感随着呼吸从身体中流出。

做完深呼吸，适当的活动一下肌肉，让双臂和双手在身体两侧摆动，或者是向上拉一下手臂，以促使血液循环。要感到流入手掌的血温暖，想象到那种紧张感正从你的指尖流出。

轻轻地变换身体位置，以便让血液流向腋部和后背。注意，要慢慢轻轻地移动位置，免得影响其他的同学。

最后就是不要和同学交头接耳谈论自己的准备情况，因为这样会受到很大的干扰，可能会觉得其他同学比自己准备得更加充分，这样做是很危险的。

熊炎兵同学说得非常好，利用好这 5 分钟做考前最后一次文具检查和放松是再合适不过的，既不会让你觉得时间难挨，又让你放松心情，一举两得。你不妨也试试吧。

拿到试卷不着急

经过耐心的等待，发试卷的铃声终于响起，监考老师把试卷发到了我们手上。这个时候，是不是要马上开始答题呢？答案是否定的。

拿到试卷后，我们首先要做的就是根据要求，先把自己的姓名和准考证号，准确无误地写在试卷和答题卡上。有的同学看到这里肯定想说："谁不知道写名字和准考证号啊？这一点根本不用讲。"但是实际情况却是，每年的小考、大考都有同学忘记写名字和准考证号，到最后才慌慌忙忙地写上。如果我们一开始就写好，不就省了许多麻烦嘛。如果进行的是中考，这对答题都有很严格的要求，不小心疏忽了，就很可能丢掉分数，那就划不来了。每年中考，我们都有同学因为违反规定或者没听懂要求而丢分的。比如说，有的同学因为忘记选择试卷的类型，结果选择题的得分是 0 分。这样的教训太多了。所以，大家一定要注意。

认真阅读试卷说明，弄清考试的基本要求。比如主观题要写到答题纸上、选择题涂在机读卡上等等。有的同学没有仔细阅读试卷说明，把主观题答案直接写在了试卷上，到后面没时间的时候才发现要写到答题纸上，不得不重新又写一次。小考还好，都是自己学校的老师，可以直接交试卷上去进行评阅。但是如果是像中考、高考那样的大考呢？直接交试卷是不可能的，痛失主观题的分岂不是很可惜？所以养成好习惯，让你事半功倍。

现在我们已经按照要求写上名字和准考证号了，也看了答题说明，可以做题了吧？等等，我们正式答题前最好把试卷从头到尾大概看一下。看清试卷的页码顺序和页码总数，看有无发错试卷，试卷有无漏印和错印。监考人员会在黑板上写下当堂考试的科目、时间、试卷的总页数等信息。仔细核对信息，如果发现有错的，立即报告监考人员。有的同学认为这样做很可笑，其实不然。考场里真就发生过作文试卷漏印的情况，而且是每年都有。有一次，一位同学的作文答题纸只有前面一页有作文框，后面就没有了。等报告老师更改答题纸，再把前面写的作文抄过来的时候时间已经来不及了。这样他只能眼睁睁看着作文分失去。正式答题前看一遍试卷，还可以对试卷有一个整体的了解，比如说大概的题型，难易的程度，然后我们就可以确定一下答题的策略，估算一下时间的分配。这个其实也花不了我们几分钟的时间，用一两分钟的时间来让自己心里有数，不是很好吗？

在浏览试卷的过程中，要根据捕捉到的试题信息和自己的实际情况，在脑子中确定自己的答题策略。根据先易后难的原则，确定自己的答题顺序。统筹兼顾，恰当分配各题的答题时间。根据捕捉到的试题信息，联系所掌握的知识点，激活自己的知识网络，稳定自己的情绪，以最佳的心态进行答题。

另外，我们刚开始考试的时候，心里面难免还会有一些紧张，这个时候先不答题，而是浏览一下试卷，也会让自己的情绪稳定下来，让自己进入到最佳的考试状态。如果拿到试卷就答题，万一第一道题就把自己卡住了，自己的紧张情绪不仅得不到缓解，还会更严重，那再调整起来可就麻烦了。

所以，我们拿到试卷后，在正式答题前还是要做一番的准备工作，不要抢时间，让自己安安心心、稳稳当当地进行考试，比自己慌慌张张、急急忙忙地答题，效果肯定要好多了，你说是不是？

审清题目再下笔

有的同学一拿到试卷就匆忙作答，生怕做不完而丢分，结果经常忙中出错，快而不准，甚至做了一半感觉不对又重来。其实，每次考试得满分的人总是极少数，大部分同学都不可能得满分。因此，我们的策略不是做完所有的题，而是会做的题都能做对，在准确的基础上再追求快。

我们在答每一道题的时候，要看好题目中的说明。许多同学考试题目还没看仔细，就匆匆解答起来，有时候在那里冥思苦想半天，后来发现就是因为题目中的某句话或者某个条件没看到，结果白白耽误了很多时间。本来是想抓紧时间答题的，结果反而把时间浪费了，这是很不值得的。我们说审题审题，"审"就包含着仔细弄清题意的意思，题目没审好就答题，肯定要出问题的。

审题时，我们要搞清楚试卷里面有没有分选答题和必答题，不要在本来可以不做的题目上花时间。还要看清楚哪些题目是要做在试卷上的，哪些是要写在答题纸上。以前考试中经常会出现这样的情况，原本应该写在答题纸上的写到了试卷上，等到发现的时候再想抄到答题纸上，时间已经不够了，这样多可惜。

审题时，要弄清题意。审题首先要通过读题弄清题意，对题目所描述的过程、现象有一个清晰的了解，从而把事物发生变化前后所呈现的现象、变化过程的特征等组建成"模型"。如题意弄不清楚，应再细读一两次题目，直到弄清楚题意为止。对于每道题目的具体题意和要求，要仔细看清楚，别看错了题目。比如说，作文题中有时候会有文体的要求，让你写记叙文，结果你写成了议论文，那写得再好也没用。还有一些论述题中的一些"关键词"，也要注意辨别和分析，比如说"简述"、"论述"、"叙述"这样的提示语，虽然只有一字之差，意思却是有差别的。

审题时，要找全信息。所谓信息，就是题目提供的已知条件。应把所有的条件找全，并一一列出。特别是题目的隐性条件，可能埋藏在某个关键的字词中，有的可能在题目的图表之中，有的是题目不给出而要求你平时记住的常数等，都要把他们找出来。

比如，答理科类的计算题时，一般都是根据题目提供的条件来解答出一个未知数。但是，题目的条件有时候并不那么一目了然，可能会隐藏得很深。这就要求我们一定要找全题目中包含的信息，找全题目的已知条件。有的是在题目的括号里面，有的是用小字或黑体字标出来的特殊说明，还有的是题目没有给出的但是却是要使用到平时记住的常数。所有这些条件，我们都要通过仔细地阅读题目，把它们一个个找出来。

审题时，要抓住"题眼"。一般难题都有某个关键之处，抓住了这个关键之处，题目就易于解决了，这一关键之处称为"题眼"。找"题眼"依靠的是科学的思维方法和平时的积累。我们常说一道题有一道题的"题眼"，抓住了"题眼"就等于抓住了关键，题目就容易解决了。"题眼"往往就隐藏在题目的说明之中，需要我们仔细去分析和辨别。当然，找"题眼"靠的是科学的思维方法和平时的刻苦训练，这就要看我们平时复习时候的功夫了。

理科题目中常常一道大题下面会分好几道小题，我们要注意看大题给的条件是不是小题的"大前提"，如果是"大前提"，解决小题时就要把大题的"共同条件"与小题的"特殊条件"结合起来考虑，否则就容易误解误答，或者因为忽视了大题中的条件而找不到解题的思路。

审题时，要注意构建"桥梁"。利用相关的知识、规律把建立起来的模型、找到的全部信息、抓住的"题眼"与所求的结论有机地联系起来，构建成一座"桥梁"，也可以通过辅助作图，找出他们内在的联系，从而构思解题方案，达到准确而快捷地解题。

有些大题文字会比较长，看上去很吓人，我们要把题目读好，充分理解后再来答。比如，文科中的材料题或理科中的应用题。审这样的题目时，我们要注意从整体上把握题目的条件和要求，分清主次，从中找出关键的对答题有用的信息。有时候文字长的题并不一定难，不要被题目吓住，仔细读过就会发现有些文字与解题没什么关系，题目的要求也没那么复杂。

开动脑筋，仔细审题，这是我们做题的基础，只有在这个基础上，我们做题才有思路，才有方向，不会像没头苍蝇一样到处乱转。所以，千万别忽视了审题这个环节。

审题时，要避免出现这样的错误：一是题意理解不清，用自己平时熟悉的题型盲目乱套，引出错误结果；二是信息找不全，造成条件不够而无法解题；三是粗枝大叶，草率从事，不按题目要求答题，出现不好的结果。

先易后难增信心

每一场考试的时间总是固定的，在固定的时间内怎样才能最有效率地完成试卷，怎样才能拿到尽可能多的分数呢？这就要求我们根据自己的实际情况，采取一定的战略，不一定非要按试卷顺序解答不可。总的原则应该是：先易后难，先紧后松。

先易后难，即先做容易的题目，后做难题，这是公认的比较有效的答题策略。既然有效，肯定是有它的道理。我们前面说过，正式答题前应该浏览一下试卷，对试卷的难易情况和整体结构要做到心中有数，目的也是大概判断一下哪些是一眼看上去就很容易的题目，哪些是比较难的题目。

在前面的试卷浏览过程中，已经捕捉到的试题相关信息，此时可以根据自己的实际情况，分出你心中的简单题、难题，然后按照先易后难的顺序进行答题。有的同学可能又有疑问了，我就从前到后的顺序或者从后到前的顺序做不行吗？

其实先易后难是有道理的，我们来听听赵静同学怎么说吧。

赵静说："拿简单的题进行热身，不仅可以增加我做后面难题的信心，也能让我的大脑更加地兴奋起来，更利于做那些难度大、分值高的题，所以先易后难是有一定科学道理的。"

其实赵静同学说得很有道理。刚刚开始考试的时候，我们还有点儿紧张，还没有完全适应考试的氛围，这时候先做几道十拿九稳的题目，会帮助自己进入状态，之后再做难题，就会有把握得多。容易题做得越多，心里就越有底，自信心也会越强，而且解答容易题通常会比较快，可以留出大量时间集中解答难题。把能得分的题先抓到了手，就不会因为到最后由于时间不够用，把能得的分也丢掉了。

一般来说，一张试卷的难易程度总是适中的，容易题和中等难度的题占大多数，真正比较难的题还是少数。所以，我们要尽量做到"基础题全做对；一般题一分不浪费；尽力冲击较难题，即使做错不后悔"。就拿数学题来说，如果你保证基础题全做对，就已经可以得到一个不错的成绩了。而且在完成大部分的基础题后，大脑思维会处于比较兴奋的状态，有利于我们去攻克后面的难题，取得更高的分数。根据这些情况，考生答题贯彻先易后难原则是合理的。

先易后难地答题，就是首先按题号顺序认真审题作答，遇到一时不会或是很繁琐而且分值又不高的题目就先做个记号跳过去，继续往下做，直到把会做的题全部做完，再回过头去做那些一时不会的题目。这样做有个好处：完成了大部分基础题，得到了保底的基本分数，有利于在此基础上再夺高分。

先易后难，是使自己在不断取得成功的基础上，保持积极、愉快的情绪，有利于消除刚迈进考场时的紧张心理。

先易后难，是在完成大部分基础题之后，能较充分地激活大脑中的知识结构，是自己的思维处于兴奋状态，利于攻克后面的难题，取得高分。如果一开始就去做分数较高的难题，一旦攻克不成功，会使自己失去时间，也会打击信心，最后甚至连会做的题也没有时间做或者做错，导致自己的考试失败。

选择从简到难的答卷方法，不仅能节省时间，同时也有助于解决原本以为无法解决的难题，就是说它还会产生解决难题的积极意识，想想看你是否有过这样的经验，当你的情绪处于最佳状态时，无论干什么都容易得手。人的精神状态都有一个最佳期，在这期间做事情都会比较顺利，一般人称之为走运。从心理学的观点来说，这就是当人的心理产生正面的因素后，会引发出更好的一面，结果是一步胜似一步，并且还能发挥比自身实力更大的能量，这并不是说回答一个问题之后，就会产生这种状态，不过，顺利解答出两三题之后，你的士气自然会大增，并且能产生向难题挑战的勇气。

和"先易后难"含义有些近似的一个原则是"先紧后松"。这就是说，刚开始答题的时候，应该尽量抓紧时间，不要松懈，要多留点时间给后面的难题和试卷的检查。其实"先紧后松"和"先易后难"在道理上是相通的，就像我们前面说的，容易的题我们可以抓紧一点，这样就会有比较充裕的时间来研究难题了。

当然，任何策略都不是绝对的，也有的同学愿意在考试前面自己头脑比较兴奋的时候来做难题，难题解决后再来很轻松地做容易的题目，效果也还不错，这就要看各人的情况了，不一定要强求一律。不过对大部分同学来说，先易后难，先紧后松，还是更有效一些。

时间安排要得当

一些同学考试失败，不是败在自己掌握的知识和能力上，而是败在考试时间的统筹安排上。他们一出考场，就遗憾地说："不是不会做，而是没时间做，如果再有 5 分钟，我就……"

一场考试 2 个小时，这叫可用时间。可用时间对每个同学来说，是绝对公平的。但在 2 个小时的可用时间中，你的实用时间是多少呢？每个同学就各不一样了。为了使你考试的实用时间尽量接近或等于可用时间，必须学会时间的科学统筹，做好时间预算。

在考试中，有一些因素导致同学们不能科学使用时间，我们必须找出这些表现和原因，才能有针对性地进行改善。如果你在过去的考试中，有过时间不够的体验，那么请你认真想一想，下面一些情况你是否存在？

在开始考试时，没有浏览试卷，没有确定自己时间使用的策略；

写字精雕细刻，非常工整，生怕字写不好被老师扣分；

缺乏时间观念，以为时间很多，书写太慢，造成前松后紧；

答题抓不住重点，该写的不写，不该写的写了一大堆，没有重点，面面俱到，浪费了时间；

遇到难题，有攻不破不罢休的习惯，结果陷进"泥潭"，浪费了不少时间，最后会做的题也没时间做了。

如果存在上面提到的这些问题，就说明你的考试时间安排不合理，出现考试时间不够就在所难免了。那么，考试时间应该怎样合理安排呢？

考场上的时间安排，要根据自己具体科目的强弱、试题难易程度的不同而灵活对待。

如果考试科目不是你平时的拿手科目，那么你尽量先易后难地做，在确保做一道题目得一个题目的分的情况下适当地提高你的速度，为后来解决难题争取更多的时间。换言之，你千万不能"吊死"在一道题目上，思考超过 3 分钟仍然没有一点头绪的，最好放弃继续做后面的题目，以节约时间做后面的题。如果这个科目是你的弱项，你就应该适当放慢速度，保证做一道，对一道。不求能全部做完，只求我会的都能拿到分。说不定这样的效果比着急做完的效果更好。

在考试开始前后，通过浏览试卷来了解试题的难易程度。如试题较容易，意味着每道题自己都得花时间作答；如果试题中等，有一定的难度，则应抓紧时间做好前面的基础题，节省一定的时间集中力量攻难题；如果试题很难，估计自己不可能做完，则应把时间的重点花在会做的试题上，保证得到基础分数。

另外，考场上时间分配，要考虑到每道题的分值，要有一个"分数时间化"的概念。分配好时间后，我们做题的时候就有了一个参照，不会在一道题上花太多时间，影响到后面的题目。

一般情况下，分数越多的题目，我们应该留出越多的时间。以满分为100分的试卷为例，原则上赋分为1分的题目，应在1分钟内做完，赋分为5分的题目，应在5分钟左右完成。与其用10分钟去做一个只有1分的选择题，当然不如把它花在一个10分的大题上。比如说某道题本来大概计划用5分钟的，但是5分钟过去后还是没有眉目，那就要果断地暂时放弃它，做个记号，有时间回头再来做。

考场上对时间的科学安排，还包括对于书写速度的合理把握，比如，在一些自己认为时间不够充裕的考试中，要尽量提高书写速度，只要字迹清楚，评卷员不会误解即可，争分夺秒，使每分每秒都能产生效益。另外，要注意了解每科的评分标准和答题规范，使自己能花最少的时间去换取最多的分数，提高时间的价值。

在考场上，当剩下的时间不多的时候，而自己又没有答完试卷，这个时候就更应该有时间概念，要坚持先易后难、取大弃小、优势优先的原则，这样才能更加充分地利用有限的时间。

需要特别注意的是，为了充分利用考场上的时间，最好不要提前交卷，即使你已做完所有的题，也已作了复查，也不要提前交卷。如果你每科都能利用最后的三五分钟发现一个错误，则成绩是巨大的。要力求使属于你的可用时间全部变成你的实用时间。

考试是一个强度很高、时间很紧的活动，要完全合理、有效地分配和计划好时间，并不是一件容易的事。这就要求我们平时多做这方面的训练，做题和测验时学会严格控制时间，培养自己对时间的掌控能力。比如，做模拟试卷的时候，可以给自己规定时间，把它当作一次考试来进行。为了在考试中节省时间，平时还要训练做题的熟练程度，提高解题的速度。这些都是我们平时要充分注意的。

浪费时间是一个非常坏的习惯，坏习惯是后天学来的，也一定可以用科学训练的方法把它改掉。建议你平时做作业、练习、考试，都给自己订出时间标准，如5道选择题，除去抄题时间，要在10分钟之内完成。达标的，给自己一点小奖励（如吃颗巧克力），做不到的，给自己一点小惩罚（如少看10分钟精彩的电视节目）。只要平时做到科学用时，考试就不会败在时间的手下了。

规范答题少丢分

有的同学，考试时题题都会做，离开考场后"自我感觉良好"，但考试成绩却得不到高分。究其原因，是由于字迹潦草，书写草率，不懂答题规范，因而被扣掉不少分，如何减少被扣分呢？这就需要在答题时要注意字迹清楚、卷面整洁、格式正确、作图规范。

答卷写字不一定要很好，但力求清楚，让评卷人易读易认，不至于误解你的意思。卷面整齐、清洁、格式正确，给人美的感受，评卷者从中获得良好的"第一印象"。

当然，没有哪份试卷会因为卷面整洁而得到额外的加分，但是别小看了它对阅卷老师的影响。你想，如果你是一个阅卷老师，看到一份涂来涂去乱七八糟的试卷，肯定一开始就没什么好印象，觉得这个同学不是粗心大意，就是思路混乱，成绩肯定好不到哪去。这个印象当然不一定准确，但是它却会影响到老师给分，特别是对主观性比较强的文科类考试。相反，一份整洁美观的试卷，马上就会引起阅卷老师的好感，无形中就增加了"印象分"。

这么说来，保持卷面的整洁可不是一件小事，大家不要掉以轻心。如果担心太注意卷面整洁会影响考试时间的话，那么我们平时就多注意一些这方面，养成良好的习惯，就不用担心耽误答题了。

说得再具体一点，至少下面这几个环节是应该注意到的：

答题时，要做到卷面整洁，句与句、字与字之间，最好要留出一定的间隔，不要一开始就写满，这样既看着清楚整洁，也有利于我们把新想起的内容或答案加进去。

答题时，整个试卷答案布局要力求整齐，文字要工整，特别是作文和大的论述题，要尽量避免涂改或龙飞凤舞等现象。

答题时，答案要简明扼要。作答时，特别是论述题，不要认为写得越多越好。评卷时是按观点（得分点）给分的。写得再多，观点写不清、写不全，同样得不到分。答案只要简明扼要，该写的观点写全了即可得满分。写得太多、太繁，反而让评卷人找不到你要说的观点，弄巧成拙，反害自己。

答题时，要注意不留空白，尽量作答。对某道题目，有的同学一下子想不出或想不全答案，就干脆全部留空，一字不写，这样不利于争分。特别是对于不倒扣分的题目，你都应力求把自己所知道的内容尽量写上；有的计算题，能写出该题所用的某个公式，能列出某一个方程，有时都可得到不少分数，这样的机会你不要随便放过。

在绘制图形、图表时，一定要借助绘图工具（直尺、圆规等等），不要随手乱画。另外还要注意的是，不要用彩色的笔在试卷上勾画，这样会有做标记的嫌疑，是违反考试纪律的，会受到扣分或试卷作废的惩罚。规范而准确地作图，除可准确表达你的意思外，也可帮助你思考，引导你得到正确的答案。

保持试卷的整洁，也有利于我们考试时思路保持清晰。如果你总是涂来改去，那肯定是没想清楚，而这又会让你的思维更加混乱。清楚认真地书写解题步骤，可以让我们的思考保持连续性，不会受到干扰。即使题目没有做出来，已经很清楚地写出来的解题步骤，也是会得到分数的。

另外，考生要注意了解评分标准，按规范答题。每次考试，评分标准的制订都是很严密的，怎样答可得分，怎样答不给分都有严格的规定。在考试前，通过你的老师，了解各科的评分标准、答题规范，并经过一定的训练，使自己的答题符合规范，这也是获得高分的一个策略。

如解理科的应用题，一般是按方程给分，能列出解题的方程即可得大部分分。当你时间不够时，只要把解题的方程列出，不解出结果也可得到大部分得分。又如在理科的解题过程中，评分标准有一条规定：因上步错误而影响下步结果错误的，不重复扣分。当你无法解得第一步的结果时，只要下一步解题的全过程写出（解法不能错），也会得到下一步的分数。

粗心大意最可惜

我们考试时最容易犯的毛病，恐怕就是粗心大意了。明明是自己会做的题目，就是因为不小心，最后把答案做错了。虽然事后总是很后悔，但这个毛病却不能引起我们充分的重视，总以为下次再认真细心一点就好了，结果等到下次考试，还是会犯同样的错误。

我们怎样才能克服这个毛病呢？

首先，我们在考试中，对自己会做的题目，在确信自己的解题思路正确之后，第一遍解答时就要力求准确无误。虽然可能会多花点时间，但从整体上看还是节省时间的。有时候我们粗心大意，就是因为觉得自己还有时间检查，可以检查出错误。但实际上，即使有检查的时间，由于我们的思维定式，并不容易查出错误。而且复查时，如果发现了错误难免会紧张，紧张的情况下改错，还可能会出现新的失误。所以，无论从节省时间上，还是从避免无谓的考场紧张这两方面看，力争第一遍做对都是很有好处的。这是帮助我们克服粗心大意的一个重要办法。

为了争取第一次就做对，我们答题时一定要细心，要认真对待每一个步骤，尤其是那些比较简单的步骤。有的同学觉得细心粗心是天生的，其实细心平时也是可以训练的。有一个方法就比较有效，平时不妨试一下：每天花20分钟按顺序从1写到500，什么时候中间不出错误，就说明你已经足够细心了。

考试时粗心大意，有时候也跟我们精神不够集中有关。一般来说，我们在考试的时候都处于比较紧张的状态，但是偶尔有所松懈的时候，就容易犯粗心大意的毛病。比如，好不容易做出了一道难题，心中松了一口气，结果却把最后的答案写错了，这种事情是常常发生的。为了防止这种错误，我们自始至终都要保持镇定的心情和高度的注意力，不要因为自己会做某道题而乐昏了头。

我们粗心大意的毛病，常常都是犯在比较简单的问题上。简单的题往往比困难的题更容易出差错。实际上，所谓的粗心大意并不是由于精神紧张或感到困难才发生的，而是在精神松懈的简单工作中才产生的。明白了这个道理，我们在遇到简单的题目时，脑子里就要多一根筋：这个题目我一定要做对，把分数拿到。

易错情况要注意

什么样的考题更容易出错呢？有的同学可能认为是难题容易出错，但实际情况却并非如此。以下是几种容易出现错误的情况：

简单的问题比困难的问题容易出差错。我们越是遇到面熟的题目，越是要小心，要仔细审题，不要简单地把以前的思路和方法照搬过来。命题老师往往会利用我们这样的心理，在里面偷偷地设置了一些陷阱。有些题目常常只是改动了个别字词，或者变换一下角度，重新规定范围，那么解答的方法就会完全不同。所以，我们一定要保持高度警惕，注意避开陷阱，不要被它熟悉的表面所迷惑。遇到这种题目的第一反应该是：这道题容易错在哪里？我看出来没有？

原来的翻砂厂都是人工劳动，当工人们抬着钢埚将通红的铁水倒进一个个模具时，都是十分紧张的。然而，在这样危险困难的作业中，却很少会发生烧伤等事故，但是在清扫炉膛或加煤块的简单工作中，却会发生一些严重的烫伤等意外事故。这看起来是令人惊讶的事实，实际上它说明，所谓的粗心大意并不是由于精神紧张或感到困难才发生的，而是在精神松懈的单纯工作下才产生的。考试中也存在同样的情况，因此，认为问题很容易时更应该抱着慎重的态度。

有一个这样的心理学实验：让被实验者反复看几张年轻女性的照片，然后再让他看一张抽象的图片，问他看见的是什么。大多数人回答是："年轻的女人。"

其实，这张抽象的图片可以看成是年轻女人，也可以看成是个老太婆，但是被实验者却不会把它看成是老太婆。

这表明了人反复经历一件事之后，其残留的经验结构会停留在脑子里，一旦遇上相似的事，就会产生将其看成同一结构的倾向。

在做考题的时候，也会出现这样的倾向，当考卷上的问题和以前做过的问题相似时，就会立刻想："这个问题我很熟悉"。如果有了这个想法，不管问题本质的差异，就认为这个问题和自己知道的问题相同，结果往往会使做出来的答案全部错误，而自己还在自鸣得意。因此，越是遇见类似的问题，越是要细心观察是不是和以前经历过的问题相同。

认为"我以前练习过了"，结果反而因此而做错，那么练习再多次也都是徒劳。

练习量越多的人，越容易贸然断定。在考场上如果看到完全陌生的问题，则必然会产生很大的精神压力。事实上，每一个考生都希望在拿到考卷的一刹那，有似曾相识的感觉。可是，这种"我见过这道题"的情形却更容易使人陷入圈套，这就是所谓的"贸然断定"。同时，出人意料的是，练习量越多的人，因贸然断定而失败的倾向越强。这是由于勤勉用功，做了很多练习题，所以很容易会有轻视的错觉。这个机率越高，其失败的可能性越大。

人可分为思考型和行动型两种，其中以后者居多。思考型的人都是经过一番深思熟虑之后才行动，而行动型的人尚未仔细看清之前就跳过去了，也就是没有看清题目便盲目去做。

然而，像这种贸然决定或粗心大意的行为，在日常生活中不一定都会有反面的影响。因为周围的人会认为"他又粗心大意了"而将其视为一个笑话，结果反而使他能圆滑地处理人际关系。但是在考场上这种情形却只能导致失败，因为练习量越多，越容易有这类的倾向，所以必须特别小心。

越是认为这个考题自己非常内行，越是需要更加仔细去做，切忌贸然断定。

答题时若放松警戒之心，则容易出差错。据有关部门统计，在失物招领处领回遗失物品的人，经常在办手续、填表后，就自行离去，忘了把领回的东西带走。这是由于找到了重要的失物后，心里松了一口气，使原有的紧张感消失，结果还是忘了东西。

考试的时候也会发生相同的情形，在好不容易解答了一个难题而松了一口气时，却把应该写的答案写错了，虽然在考试时一直维持紧张的心情是不对的，但是如果松懈了自己，粗心大意，在原本不该写错的地方写错，那就后悔莫及了。

为了防止这种错误，应该自始至终都保持镇定的心情，尤其是在考试时，不要因为自己会做而乐昏了头，也不要因为不会而耿耿于怀，总而言之，就是要避免感情用事。要认为答题时是最重要的时候，一题一题仔细地确认，必能发现写错的地方。

陌生问题这样做

假如遇到从来没见过或听过的问题，大部分的人都会认为"无法解答"而打算放弃。但是，如果平心静气地把这个问题再仔细看一看，那你一定会发现，虽然这看来是个陌生的问题，但是曾经做过与此相似的题目。

遇到新的问题时，必须先看看这道题和我所学的哪一项基础问题有关，才是最重要的。我们越是无法判断一件事的白或黑时，就越是无法向弱的性质耐性挑战，这在心理学上称为不确定耐性。因此，对于陌生的问题会立刻产生拒绝反应，这也是出题者的目的。然而，陌生的问题并不代表就是困难的问题，只是想使你的心志动摇，所以在考试题外包装上一层陌生的外衣下，实际上大部分都是可依靠基础知识来解决的简单题。

为了不受出题者这种心理战术的困扰，越是陌生的问题，越必须平静下来，将外衣撕去，必能发现其实是很简单的基础问题。

比如，在语文和英语里出现了不认识的词时，每个人都会先从记忆中思索其意思是什么，但如果在记忆的贮存库里没有找到时，再怎么想也想不出它的意思。此时，最有效的方法就是寻找它的对应语。一般来说，字词通常都是一对，有个与它相反的对立概念。例如：生和死，昼和夜，男和女，爱和憎等等，不胜枚举。当我们想要表达某种事物的时候，为了能说明得更明确，一般会用对立的概念来强调。

所以说，在遇到未知的单词或术语时，一定不要慌张。比如，在英语试卷上，经常会出现一些我们没见过或一时忘记了的单词；在语文或政治的考试时，也会看到出现新的时事用语和专用术语。

这个时候，首先不要慌张。阅读一下全文，如果是要解释一段很长的英语问题时，并不一定要一字不误地全部翻译，有时省略一个单词不翻译，意思仍然通顺。假如不知道这个单词的意思，而又非译不可时，可以用这样的方法来处理：依照文章的前后关系，或者看那个单词和整篇文章的关系来推理其意思，即使不了解单词的本身意思，一样可以用一般的常识来做出全盘判断。只要掌握了这篇文章到底表现什么，即使一个单词的解释不对，也没有大的关系，至少能推测它是属于哪一类。

需要指出的是，对我们来说不懂的单词或术语，在题目中本身就会显露出一些它的含义。如果题目中出现了陌生的句子而感到束手无策时，可以利用下面的方法来解决。

进入正题之前，先回想一下我们平时说话和写文章的情形。

平常除了比较简单的事情叙述之外，说话人为了明白表达自己的意思，会用尽各种方法、各种语言形式来反复说明同一件事情。例如在谈话时，我们会说："我昨天去买了一种叫拍立得的相机，就是那种马上可以看到相片的照相机。"同一道理，考卷中的难解文章中，也有相同的一句话，要你用另一方面来叙述的题目。

以一般的文章而言，如果我们稍加注意就可发现，文章里头常有括号，如"就是"、"即是"等很清楚地换个方式再说明一次的提示，则这句话一般就是一句陌生术语的含义。但是，太过于呆板地表达出来，会使文章显得不够通畅，所以大部分都是在文章里，自然而然地以不同的方式表达出来。例如："近来，双方已不再发生干戈，而迎接休战的日子。"如此，即可一目了然"干戈"就是"战争"之意。

当然，采用了以上的方法以后，可能还是会有确实搞不懂的地方，那么，这个时候我们要学会将其省略。在考试的时候，如果英语或文言文的解释出现了自己看不懂的句子，有人会干脆放弃整篇或整段文章的解释，这是不明智的做法。如果有一部分看不懂，就省略这部分，并试着去做部分的答案看看，也许在回答的过程中，你能了解你所不明白的部分，否则，就仍不了解，这样也比完全空白不答要好得多。对不懂的单词也是如此，遇到了不懂的单词时，就把这个地方省略，只靠明白的部分去类推，都能掌握大概意思。

同样地，对于考试中出现的一些指示语，如果不能了解其内容时，保留即可。在语文考试中出现"其"字，英语解释题中出现"It"的指示代名词时，经常使许多考生感到困扰，因为不知道它到底代表什么，好像是表示甲，又似乎是指乙，如要是乱猜的，最后很可能会发现错了。因此，没有十足把握，最好仍然用"其"来表示，这比胡乱猜测而写错要好得多。因为写"其"，不一定是指甲，也不一定代表乙，所以不容易被扣分，这也是考试的秘诀。

难题也要啃两口

为了考查同学们的能力，每个学科的考试，都设置一定分量的难题。根据试卷编排的原则，难题一般都放最后，所以也叫"压轴题"。近年来为了减少同学在整个大题（难题）丢分，出现了把部分难点散到其他题上的做法，因而，有时填空题、选择题中也会出现个别难题。考试中我们难免会遇到难题，特别是对成绩中等的同学，遇到难题应该怎么办才是自己最有利的呢？

首先，碰到难题不要惊慌，要沉着地对付，要以平静的心态来对待它，越慌乱越紧张，就越不容易找到思路。要避免由此而引发考试焦虑。我们应该这样想："难题虽难，只要我沉着对付，也是可以攻克它的"、"既然是难题，能攻克最好，不能攻克也是理所当然"、"我碰到难题别人也碰到，可能我答得还比他们好"等，慢慢从紧张的压力下把自己解脱出来。

其次，让自己的心绪平静下来，冷静地思考一番，如果很快就能确认这道题对自己确实是比较难，那么就不妨先放一放，先用铅笔做个记号，别到后来忘了，然后坦然地去做后面的题。这不仅是因为我们前面说的"先易后难"的原则，许多时候将难题暂时放一放，等到做完其他题目后再来解答，往往心底会豁然开朗。或者是在做后面的题时得到启发，回过头来能够迅速答出遗留的难题。

碰到难题，要注意仔细审题，在审题的过程中找到突破口。难题一下子做不出，应多读几遍题目，重新审题，把原来自己审题的错误思维去掉，选择新的角度，以新的思维方式重新思考，就有可能找到新的突破口。

攻克难题需要激活自己的知识网络，找出知识间的内在联系。难题之所以难，一是知识的综合度高，二是能力要求层次高。因此，要充分调动自己知识网络中有关的知识，回忆自己解过的难题中有哪些相似的、有关联的解题思路，找出知识同解题思路间的内在联系，通过分析、综合、归纳、演绎、推理等思维过程，即可得到解决。这有赖于平时知识网络的建立，也有赖于平时的思维训练和解题思路的归纳、总结。

一道难题，并不是同学们一点都不会解，而往往是整个解题思路中某一点自己卡了壳，没想通而已。自己如果就这样一字不写，全题放弃，则没有显示出自己懂的是哪部分，全部丢分实在可惜。如果我们能把解题过程中自己懂的部分利用一定的文字、符号、公式、方程等展示出来，即可得到相应的分数，这点应引起大家的重视。

等到回过头来再来做这些难题的时候，如果一下子还是没有什么好的思路，这个时候我们不妨"绕道思考"。做难题时，我们常常会翻来覆去地按照同一个思路来思考，走进一个死胡同出不来，这个时候再好好读一下题目，换一种思路，说不定会有意想不到的收获。

遇到难题的时候，我们一定要避免"浅尝辄止"，不要稍微花点时间就"弃城而逃"，打一个枪换一个地方。如果我们总是把时间花费在各种题目之间来来回回地折腾上，不仅浪费了时间，还会让自己的思维无法集中，思路不能连续，结果只是更加慌乱，最后一道难题也没做出来。

在开发创造或解决问题的部门中，经常被使用的方法之一，就是确认表法。因为当人的思考一旦受阻碍时，都会反复做相同模式的思考，而容易走入死胡同。这项确认表法的功能即在解除这种困境。

使用这个方法的要诀是预先列举有关问题的一切条件，再配合需要来确认问题，任何问题都有几个共同点，例如："加大之后"、"缩小之后"、"扩大之后"、"倒过来看"、"切断来看"等，以各种角度来进行分析。

这个方法也可充分应用于考试中无法解决的问题。例如：在几何学上的"辅助线"、"连接点"、"中点"，代数中的"等于复数时"、"等于零时"、"等于整数时"等等。在平时读书时，就应该把注意的事在脑中列一张表，尽量使想法能迅速地网罗一切的表。

这样一来，不仅可避免因为思考而浪费时间，在遇上难题时，也能立即改变观点去思考。也就是说，遇到困难的题目时，稍微绕道应用确认表法去思考。

在遇到难题而感到迷惑时，要依赖"第一感"去回答。大家都有过这样的经验：考试时，脑中常常会浮现出两种以上的答案，但不知到底哪一个才是正确的。而"第一感"也就是最先想到的答案，大部分是正确的答案。因为我们回忆的时候，大都是按照自己写的习惯或说的习惯去做，而在无意识中浮现于脑中。也就是虽然自己没有多大的自信，然而由于有那样的积累，才会很快浮现出来。但是，在这以后所想到答案，一般都是以理论来思考，出现了几种可能的答案，这也就包含了勉强找出来的因素。有些汉语或英语的拼音视觉性倾向更强，十之八九都是最先想到的比较正确。

如果对一道难题，我们做了比较充分的思考，确实感觉在自己现在的能力范围之外，再花更多的时间也不会有很好的结果，只会影响做其他题目，那么就要学会果断地放弃，争取在其他更有把握的题目上，把失去的分数补回来。不过即使是决定放弃，我们最好也不要让这道题完全空着，还是要尽量把自己知道的写上去，比如用到的某个公式、能够列出的某一个方程、可能的答题要点，这些都应该写上去。因为现在评卷都是按步骤给分的，即使没有把题目做出来，能够答出一些要点，或者列出几个方程，也会得到不少的分数。既然我们已经花了时间思考了，就要尽可能地把这个思考转化为卷面上的分数。

面对难题，如果完全没有信心时，就用猜题的办法。考试卷上经常发现有一些完全空白的题目，结果肯定是零分，如果空白是零分，答错了题也是零分，结果一样，那么就应该随便猜一个答案，也就是利用猜题的方法，即使完全错了，也无所谓。但是，如果幸运猜中了，就可对一些一知半解的问题、客观性的问题拿到分数。尤其是非题中的机率，在先天上就占了一半，而三选一的选择题也有33.3%的概率。考试时，经过长久时间而想出的答案和随便猜中所得的分数，是一样多的。

最后还想说的是，如果我们经过了一番思考，终于做出了难题，那当然是可喜可贺的事情，相信你当时心里面一定是兴奋极了，这就是对你平时努力的最好回报。如果我们没有做出来，也不要泄气，毕竟我们已经努力了，只不过目前还没到做出难题的水平，那就以后再好好努力吧。千万不要因为一两道难题没做出来，影响了整个考试的情绪，甚至影响到下一场考试，那就不值得了。

不言放弃释潜力

在考试中，我们常常看到一些同学一遇到难题就躲，理由是：我肯定做不出来。他们根本就不敢去尝试一下，甘愿白白把分送掉。其实，一个人所具有的潜力往往比他自己所认为的要大。当你在困难面前似乎已经无能为力的时候，如果你能够进一步挖掘，而不是就此灰心丧气，那么你有可能会发现自己原来还蕴藏着巨大的潜力，还可以做得更好。成功往往就取决于你是否愿意努力向前再多走一步。

下面的这个例子或许能给我们一些启示。

考场上，大部分同学都在紧张地埋头做题，只有一个女生显得有些局促不安。她时而双手托腮，陷入沉思，时而手拿铅笔在草稿纸上漫不经心地乱画，时而拿起手表不耐烦地看看时间。然后她居然伏在桌子上，似在休息。过了几分钟，她抬起头来往两边看了一下，其他同学仍在认真做题，她只好又拿起笔来随便画。

当她这么漫不经心地画了一会儿后，忽然间她似乎发现了什么新线索，一下子警觉起来，便改用直尺来仔细画线，然后认真地计算。慢慢地，她的眉头舒展开了，并高兴地微笑起来，随即把刚才在草稿上写的东西仔细地抄到试卷上去。

原来这里正在考数学。这位女生做题的速度比较快，她提前半个多小时把所有能做的题目都做完了，只有一道题还没有做出来。她把做过的题目检查一遍后，再集中精力思考最后一道题。那是一道立体几何题，似乎相当难。她几乎是绞尽了脑汁也没有任何头绪。她很想放弃不做了。可是此时离交卷时间还有 15 分钟，其他同学都还在认真做题，她不好意思第一个提前交卷，她只好在草稿上随便画画图。结果她不经意间把那道题的图形中的一条关键辅助线画出来了，与其他的线段联系起来后，这道题的解题思路便一目了然。就在她将要彻底放弃的时候，忽然间她找到了正确的解题方法，最终把这道题做出来了，因此她露出了成功的微笑。

这位女生的成功告诉我们：无论任何时候，切莫轻言放弃。

有时候有的题目对我们来说似乎真的很难，无从下手去解答，就像是赶鸭子上架一样。如果就此放弃，似乎无可非议。只要我们把大部分题目做好，放弃这道题成绩也不会很糟糕，这当然是可以的。但是，如果还有足够的时间让我们去思考的话，我们不妨继续努力一下，充分调动自己的积极性，打破原来的思想框架，从不同的角度来思考问题，说不定你会惊奇地发现，原来自己还可以继续发挥潜在的聪明才智，能够做得更好，这就是你的潜力。只要你善于挖掘，常常会有意外的收获。就好比只要有一块木板搭在架子上做成一个适当的斜坡，那么鸭子还是能够上架的。

在考试中，我们以充分发挥个人的能力，在规定的时间内迅速而准确地做完所有的试题为目标。因此，我们不应该轻易放弃每一个可能得分的机会。对题目的解答一般可以分为几个步骤，或分为几个层次。有的题目虽然我们不能全部给出解答过程，或不能得到最后答案，但是能做出一步就做一步，哪怕只是列出了一条方程式，或只给出一步推理，一句评论，也可能会提供得分的机会。不要认为不能全部解答出来，就干脆放弃不做。也许在你做出第一步以后，从中得到某种启发，最终有可能会豁然开朗，得到完满的解答。

注意用好草稿纸

有的人可能会认为，草稿纸就是做题过程中偶然用到的"废纸"，认为草稿纸的使用没什么可讲究的地方。有些考生不注意合理使用草稿纸，随意乱画，虽然这不影响最终的评分，却可能最终给自己带来麻烦。其实，草稿纸的正确使用，对于提高考试成绩也是有很大帮助的。

打草稿时最好要条理清晰，这样便于检查和发现问题。无论做什么事都要讲究个条理，如果没有条理，内心也会乱七八糟，进而产生不安的感觉。答卷也是一样，其实每一道题都离不开基础知识，倘若你不是按照基本原理一步一步地解答，而是东一榔头西一棒子，那么即便某个程序出了错，你也不容易发现。反之，如果解答程序条理分明，不仅有助于你的思考，而且也有利于最后检查。

一般人在考试时由于太慌张，所回答的问题往往只是在脑子里过一遍就匆忙写出答案，这样做不仅会产生混乱，同时在视觉上，也容易忽略错误的部分。

在数学或者物理等理科考试的时候，草稿纸也最好保持整洁。这似乎有点儿多此一举，但其实是有道理的。开始解题时，最好从草稿纸的一角按照顺序，记下思考的过程。每道题的草稿我们都要集中在一起，用笔框起来，并标明题号，而且草稿字迹要清楚。因为草稿纸记下的不只是算出的数据，还记录下你的思路，整齐的草稿有利于我们检查试卷，发现问题所在。检查时能够节省时间，不需把问题再计算一次，只要留意作答的过程有没有错误即可。至于英文的解释和翻译，文章较长时，也可用笔做符号，按照思考的程序，标出主语、谓语、宾语、补语之间的关系，将它们逐一辨别清楚，这样在检查时就一目了然了。

时间快到不做新题

当考试时间剩下几分钟的时候，一般人的心理都想抓紧时间继续做尚未做完的题。但是，如果你想要得到高分，这并不是一个明智的做法。尤其是在数学、物理、化学等计算题上，未写出答案演算得再好也等于零。当然，如果答得正确，就能得到高分，但是像这种计算起来很费劲的大题，即便分值很高，还是不做为好，因为你做不完就等于没做，结果只是浪费时间。特别是时间快到时，除非确实有把握，否则就不要轻易尝试。

在时间已经很紧迫，铃声就要响起时，需要细致思考的问题，很难解答出来。平时，在时间急迫之下，连简单的问题都很难有把握地去思考。根据美国一位航空心理学家的实验，同样的一个问题，在地面上和在天空里的解答常常有差异。因为在空中心理会有不安感，所以错误率比较高。因此，当考试时间即将到时，最好避免再去尝试新的问题，而要集中精力去检查已经做完的答案，这样才能确实把握分数，否则新的没做完，做完的又来不及检查，反而容易丢分。

检查试卷须注意

现在你终于做完试卷了，看看时间，还早呢！再看看周围的同学，都还在奋笔直书呢！你一定特得意吧！这时候要交卷，你就是第一个交卷的了，所有人的目光都会投到你身上。不过先别得意，你检查试卷了吗？

试卷检查是我们考试的最后一个环节，也是非常重要的一个环节。有的同学一离开考场，就发现自己答题"这里错了，那里也错了"，这时你再捶胸顿足也无法挽回了。出现这种现象一般是不重视试卷检查所致。许多同学做完卷子后，不检查或者草草地检查一下，就提前交卷，等到后来知道出错的时候，后悔都来不及了。既然还有时间，我们就不要浪费，哪怕多检查几遍，也只有好处没有坏处。

检查试卷是有很多地方要注意的，越细致越好。一般来说，检查的主要对象是选择、填空之类的客观题和理科类的计算题。文科类的大题（论述、作文）做的时候就要特别注意，如果是离了题，回过头再去改正就很麻烦了。

检查时首先要看有没有漏做的题。检查顺序最好是从头开始，因为做完第一题到做完最后一题，中间已相隔比较长的时间，这时检查不大容易受原来做题思维惯性的影响，错误比较容易检查出来。检查时一定要细心，不能一目十行。检查时如果不认真，速度太快，原来习惯化的思维惯性就会发生影响，看不出错误来。如果时间比较紧张，不可能对每道题都仔细检查的话，那么就重点检查自己不太有把握的题，还有就是运算量比较大的题。

在理科考试中，为了避免思维惯性的影响，我们可以采取一些方法，比如我们可以用逆向检查法，用加法来印证减法，用除法印证乘法，或者换一个思路来做这道题，如果结果还是一样的，那说明原来的答案肯定是正确的。在解方程式的时候，可以把答案代入到方程中，看看方程式是否成立，如果成立，说明答案就是正确的。

对于步骤比较复杂的计算题，检查时一定要细致，每一个步骤和环节都要检查。比如说解方程式有没有丢解或者增根，所有数据的单位和正负号是不是都对。包括那些需要计算的选择题和填空题，符号和单位要特别注意，千万不要搞错。

检查选择题，还有两点要注意。一个就是要相信第一感觉，特别是文科类的选择题，第一感往往最准确，没有充分把握不要改动答案。还有就是要注意看答案选项的比例，一般来说正确答案中各个选项的分布是比较均匀的，比例应该大致相等，如果你的答案中某一个选项出现的次数特别多，那你可要小心了，要反复检查。当然这只是就一般情况来说，并不是绝对的。

检查试卷的过程中，有一些需要注意的地方。比如，有许多考生把试卷检查了好几遍也不能发现错误，这是因为只使用同样的方法检查所致。心理学上的"习惯化"这三个字可以解释这种情形。因为反复受到相同的刺激，会产生自动反应。尤其是在演算单纯的计算问题时，不去检查问题的性质，而只是确认自己所做的答案有没有错误，结果就根本没有效。为了防止这种因粗心大意而犯的错误，就要改变思考模式去检查。具体的方法是改变顺序，或变换方法，用各种不同的角度来分析确认。

检查试卷的过程中，如果只检查答案而不看问题也是不好的。有不少人在检查试卷时，只顾检查答案，没有再去看看问题的内容，如此一来并未达到好的考试效果。由于粗心大意而失败的例子中，有人是弄错了题意，有人是把字母写反了。当然，在考场上每个人都会紧张，但由于粗心而写错答案实在令人遗憾。

有不少人把问题看一遍后，就认为自己已经完全了解了，不再检查就匆匆答题，很容易产生错误。一般人都是对自己写下的答案没有信心而一再检查，对于印刷部分的试题却不太去注意。有时候，出题者知道考生的习惯，便在问题中布下陷阱，假如你粗心而掉进这个圈套，长久的考试准备就功亏一篑了。为了避免这种情形，检查时必须先看题目。平时养成这种习惯，才能发挥自己的实力。

这里还需要提到的是，在数学、物理或化学的考试中，正确答案的形态，一般都比较单纯。如果自己做的试题的结果非常复杂，就应该检查答试卷的过程中是不是存在计算错误问题。假如经过复杂的思考过程，而所得到的是形式简单的答案，那么可以认为已经接近正确答案了。这也是以出题者的立场而论，答案的形式简单，比较容易阅卷。事实上，考试的目的是要判断考生有无了解原理，是否能正确推演解决问题的过程。所以如果写出的答案是复杂的公式或数字，就应该再分析检查是否错误，因为大部分的正确答案，都是简单的形式。

最后要注意的，也是最重要的，就是看看答题卡有没有漏填，有没有涂写清楚，自己的姓名和考号是不是都填对了，千万别因为填写这些东西出错，而搞砸了自己的成绩，给自己带来不必要的麻烦。

你看，我们需要检查的内容是不是还挺多的？是不是应该好好利用剩下的时间？如果你在检查时真的发现了错误，及时地改正了，那你肯定会在心里说：幸亏没有提前交卷，要不然这几分就要丢掉了。

不要轻易改答案

做完所有的试题后，回过头来检查是很有必要的，这样可以对前面做过的题目进行查漏补缺，使你的答案更加完满。但是，有时候我们却发现，有的同学原来写的答案是正确的，在检查时却又改成了错误的答案，这个现象应该引起重视。

一般来说，把所有的试题做完以后，紧张工作的大脑神经就会获得很大的放松，我们的心情也会很快平静下来。这时候再回过头来以批判的眼光检查前面做过的题目时，应该比较容易发现其中的错误与缺陷。但是，造成把原来正确的答案改为错误答案的并不是那些错误很明显的地方，而是那些你不能确切解答、模棱两可的地方。这种情况常见于选择题部分，尤其是英语的选择题部分。我们可以通过下面这个例子来说明。

假设在一场外语考试中，有一个英语单词或词组你忘记了它的确切含义，而下面有四个选项。也许你可以通过排除法把其中两个明显错误的选项排除掉，可是剩下的两个选项你再也分不清谁对谁错，似乎它们都有可能是正确的，于是你通过猜测选择了其中一个作为答案。当你在检查的时候，还是记不起那个单词或词组的意思，这时你忽然觉得选择另一个答案似乎更好一些。那么，你该不该改变原来的答案而换上另一个答案呢？

我们认为在作出这个决定之前应该慎重一些。只有当你经过一番思考，最终认定原来的答案不好，应该改选另一个答案，而且你确实能够列举出原来的答案错在什么地方，或者另外一个选项作为答案的理由或证据是什么时，你才可以修改原来的答案。如果你不能列举出这样的理由，你改选另一个答案仍然出于猜测，或者只是一种感觉而已，甚至把这作为一次赌注，那么你最好不要轻易改掉原来的答案。因为有大量的实践证实，你所做出的第二个选择往往是错误的，而第一个同样具有猜测成分的选择的正确率往往更高一些。

那么，我们坚持第一个选择的理由是什么呢？理由是我们作出第一个选择是"趁热打铁"的结果，而作出第二个选择是"冷灰生火"的结果。当我们全神贯注地投入到考试当中时，我们的大脑神经都处在一种积极工作的状态，思维活跃，联想丰富，判断敏锐，这时候我们的思想会源源不断地涌现出来。当我们遇到前面所说的两难选择时，我们最终可能还是靠猜测来选择其中一个作为答案。但是这时候所作的猜测与检查时所作的猜测是大不一样的。这时的猜测有一个正在积极思考的大脑活动的有力支持，有一个大量相关的知识点都被调动起来了的知识网络作为参照，在这种情况下所作出的判断是比较敏锐的，甚至是水到渠成的。有时候这样的判断可以称之为一种直觉。

当我们把试题做完以后，大部分被激活的知识点已经发挥了自己的作用，慢慢地退回到记忆当中，我们的大脑神经也逐渐恢复平静。在检查的时候，大脑神经没有原先那么活跃了，也没有了大量相关知识网络作为背景加以支持。这时候我们所作出的判断敏锐性会降低，在两难问题上的猜测很大程度上只是纯粹的猜测而已，不再是原来的直觉似的猜测，因此判断的正确率会降低。就像是已经熄灭了的火堆要想恢复到原来的熊熊烈火是很不容易的一样。

所以，当我们在检查的时候，如果没有确切的理由认定原来的答案是错误的，或是没有另外更好的答案时，应切记不要轻易改变原来的答案。

第十三章

时间管理

管理时间说起来简单，实践起来却并不是那么容易。时间是一种看不见摸不着、细细悠悠而又漫漫长长的东西，对于人的品格和意志来说，它是一块非常好的试金石。要想真正成为时间的主人，除了掌握方法和原则，同时也需要具备很多优秀的品格，才能在与时间赛跑的过程中占到上风。

不放弃——坚持的力量

在计划制定并付诸行动之后，有一个非常重要的因素来保证目标的实现，那就是——坚持。凡事预则立，不预则废，不要因为懒散或有畏难情绪就拖拉，甚至是放弃。

一代翻译大师傅雷在坚持方面可谓是一个非常有说服力的榜样。他曾翻译了伏尔泰、巴尔扎克、罗曼·罗兰等许多重要作家的作品数百万字的译作，成了中国翻译界备受推崇的范文，形成了独树一帜的"傅雷体华文语言"，为西方文化在中国的传播作出了杰出的贡献。

傅雷幼年丧父，在母亲的教导下，他自小就养成了认真、严谨、一丝不苟的性格。1924 年，年仅 16 岁的傅雷考入上海大同大学附中。这是一所英汉双语学校，老师在课堂上授课的主要语言是英语。傅雷在以前只是从做远洋生意的叔父那里学到过零星的英语。入学以后，面对老师在课堂上的英语授课，他几乎一句都听不懂，再加上他家境贫寒，穿着破旧，因此经常受到同学的嘲笑。不久，老师找到他，对他说："你一点英语都不懂，这样下去什么都学不到，不如把你转到一所普通学校吧！"

傅雷感到受到了深深的侮辱，他当即回绝说："不，我一定会赶上！"从那天起，他就给自己制定了一份周密的学习计划，每天天不亮，当别人还在熟睡，天空还满是繁星的时候，他已经起床，反复记诵英语单词；每天晚上，当别人已经入睡的时候，他还在一遍又一遍地默写课文。他的口语表达能力很差，英语会话时发音不准，因此经常受到同学们的嘲笑，但他并没有气馁，每天他都利用晚饭前有限的时间，找到学校里任课的外国老师，与他们交谈，向他们请教，这些外国老师都很喜欢这个聪明而又好学的孩子。

就这样，一天天，一月月的时间过去了，傅雷的英语水平由很差到一般，由不能开口到能够流畅地表达自己。经过一年的努力，当第一年学期末的时候，傅雷的英语成绩取得了全校第一名，而他的口语更是得到了老师的极力赞赏。

1927 年，19 岁的傅雷高中毕业，赴法国巴黎大学学习艺术理论。在异国他乡，他又必须再次学好法语，不过，已经有了成功经验的他，这次同样没有被吓倒，凭借着顽强的毅力和坚持精神，他很快又通晓了法语，出色地完成了学业。学成回国后，他凭借着自己出色的语言功底专门从事世界名著的翻译工作，最终也成为一代翻译大师。

相对于学习外语的困难来说，有时候坚持的内容很简单很容易，但是很多人还是做不到持之以恒。有这样一个故事，古希腊大哲学家苏格拉底对学生们说："今天咱们只学一件最简单也是最容易做的事。每个人把胳膊尽量往前甩，然后再尽量往后甩。"说着，苏格拉底示范做了一遍："从今天开始，每天做300下。大家能做到吗？"学生们都笑了。这么简单的事，有什么做不到的？过了一个月，苏格拉底问学生们："每天甩手300下哪个同学坚持了？"有90%的同学骄傲地举起了手。又过了一个月，苏格拉底又问，这回，坚持下来的学生只有八成。

一年过去了，苏格拉底再次问大家："请告诉我，最简单的甩手运动，还有哪几位同学坚持了？"这时，整个教室里，只有一个人举起了手。这个学生就是最后成为古希腊另一个大哲学家的柏拉图。

世间最容易的事就是坚持，最难的事也是坚持，时间就是这把衡量的标尺。成功在于坚持，这是个并不神秘的秘诀。

司马迁从42岁时开始写《史记》直到60岁时才完成。前后一共历时18年。如果把他20岁后收集史料、实地采访等工作加在一起，这部《史记》花费了他整整40年时间。

李时珍花了31年功夫，读了800多种书籍，写了上千万字笔记，游历了7个省，收集了成千上万个单方，为了了解一些草药的解毒效果，吞服了一些剧烈的毒药，最后写成了中国医药学的辉煌巨著——《本草纲目》。

马克思写《资本论》，呕心沥血，花了40年时间。

英国生物学家达尔文研究进化论，花了22年时间，写出了《物种起源》一书。

法国著名物理学家居里夫人，历经12年的实验，不怕挫折失败，从几十吨的矿物中提取了几克镭，因此获得了诺贝尔奖。

可以说，没有这些坚持不懈、持之以恒的精神，他们很难在漫长的时间里取得如此骄人的成绩。反观我们自己，不用说十几年、几十年的时间，有时候甚至短短的一刻钟的坚持也难以做到，俗话说："一屋不扫，何以扫天下。"如果在小细节里都不能表现出坚持的精神，那么年复一日漫长而艰辛的研究过程，更是难以充满把握地去面对了。

成功申请到哈佛读书的四川女孩刘亦婷的坚持毅力也很让人钦佩。在她上小学三年级的时候，有一次爸爸和她打赌，如果刘亦婷能让冰块在手里握

15 分钟，爸爸就答应给她一本喜欢的书。刺骨的冰块握在手里，还要坚持 15 分钟，这可不是一件容易办成的事情。第一分钟，刘亦婷感觉到一股冰冷的寒气如同针一样刺进她的骨头里，第二分钟，她的手全麻了，胳膊也动不了。但是她并没有就此放弃，过了几分钟，她渐渐适应了这个温度，到了第十五分钟，刘亦婷大声欢呼说："我成功了!"

可以说，任何事情的成功都贵在坚持，学习如此，工作如此，兴趣爱好也如此。大多数的人大概都有尝试制订学习计划的经历，但是真正将这一习惯保留下来的人并不多。前文所提到的制定周密的时间计划，仅仅是促使自己迈向成功的第一步。在长年累月的学习当中，只有那些有着顽强的毅力，能够坚持下来的人，才能够取得最后的成功。

不散漫——自律的保证

一个时间规划表做好以后，夹在随身携带的笔记本里或者贴在墙头，除了你自己，没有人能够像影子一样地跟着你进行督促，因此完成计划的任务好不好，效率高不高，短时间里很难用具体的标准作出评价，其中的效果只有你自己知道。因此，在这一过程中，严格要求自己，克制懒惰、拖拉、迟到、半途而废等不好的习惯和作风是很重要的。真正意义上的时间主人，一定是一个对于自己的计划能够严格执行，严于律己的人。

在时间方面，鲁迅对自己的要求可谓苛刻，这一习惯是他从小就保持下来的。

在鲁迅 13 岁的时候，他的祖父因科场案被逮捕入狱，父亲长期患病，家里越来越穷，他经常到当铺卖掉家里值钱的东西，然后再在药店给父亲买药。有一次，父亲病重，鲁迅一大早就去当铺和药店，回来时老师已经开始上课了。老师看到他迟到了，就生气地说："十几岁的学生，还睡懒觉，上课迟到。下次再迟到就别来了。"鲁迅听了，点点头，没有为自己作任何辩解，低着头默默回到自己的座位上。

第二天，他早早来到学校，在书桌右上角用刀刻了一个"早"字，心里暗暗地许下诺言："以后一定要早起，不能再迟到了。"

以后的日子里，父亲的病更重了，鲁迅更频繁地到当铺去卖东西，然后到药店去买药，家里很多活都落在了鲁迅的肩上。他每天天不亮就早早起床，料理好家里的事情，然后再到当铺和药店，之后又急急忙忙地跑到私塾去上课。虽然家里的负担很重，可是他再也没有迟到过。

可以说，鲁迅日后成为中国文坛的一位巨人，与小时候严于律己，信守承诺，从不迟到的习惯有着很大的关系。而很多时候，我们制定了严格而科学的作息时间表之后，却不能有效地执行，很容易放纵自己，认为懒惰一两次根本不是什么大问题，殊不知很多不好的习惯就是从这一次次小小的"疏忽"里产生的。一旦让不好的习惯开了头，它会像决堤的洪水一样冲破你下定决心很久才建立起来的信念，让你在把握时间、通向成功的道路上走很多弯路。

举个例子，网络在今天已经非常普及，我们都要借助于网络来获取信息、收发邮件、观看视频，或者进行娱乐活动，可以说网络极大地方便和丰富了我们的生活。对于学生来说，上网不仅能够提高学生的学习，还能丰富学生的课外生活，使学生不再成为"两耳不闻窗外事，一心只读圣贤书"的呆子，对培养全面人才有积极的作用。来自《福建日报》对于中学生上网情况的一则调查表明，经常上网的人数达80%，然而60%的人上网是为了聊天，25%的人上网是为了游戏，上网学习的人仅仅占到15%。网络是一把双刃剑，如果自律能力不强的话，很容易造成对网络的沉溺和痴迷，在电脑前一坐就是大半天，把原来安排好的任务弃之一边，结果造成大量时间的浪费，甚至可以造成学业的荒废。

有位读小学三年级的同学，由于父母长期在国外工作，他从小跟着爷爷奶奶长大。或许是平时受爷爷奶奶的宠爱太多了，总是一副小霸王的样子，自作主张、我行我素，谁说他都不往心里去。做作业不专心，老要别人督促，很难做到主动完成自己应该做的事，爷爷奶奶批评他，或者耐心教育他，全都没用。后来父母回到国内，加强了对他的管束，面对严厉的父母，"小霸王"算是收敛了一些，还算是听从父母的话。但父母很快就发现另一个问题，这个孩子有"两面派"的表现，父母在眼前的时候老老实实，一副"乖孩子"的样子，父母不在的时候却又完全是另外一个样子，恨不得把天给捅破了。简言之，好像他做的事情都是给父母看的。

在学校里也是如此。上课总是随便说话，老师批评他，他只能老实10分钟，一会儿又管不住自己了。下课了，就乱动同学的东西，经常把同学气得哭鼻子，多次被同学告状告到老师那里去。父母拿他是既疼爱，又头痛，一点办法也没有。

其实，这位同学缺乏自律性，父母可以通过有效的训练来培养时间管理能力，比如签订一个"自律协议"。把他每天必须要做的事情写在纸上，贴在墙壁上，这就意味着这些事情是当天必须完成的。只有做完这些事情，才是父母眼中的"好孩子"，否则就是一个不讲信用的"坏孩子"。对于孩子的调皮行为，也都以明确的方式写在纸上。比如上课随便说话、在家里不好好写作业、乱动同学的东西等等。让他知道，这些行为都是父母不喜欢的，也是不对的。每天晚上都要检查孩子当天的执行情况，如果做得好的话，就表扬他，如果做得不好，就惩罚他。表扬的方式有很多，周日带孩子去游乐园玩一次，或者带孩子踢足球，这都是他喜欢的奖励方式。惩罚的方式也有很多，比如做 10 个俯卧撑，罚他做一些简单的家务等等。

这是针对教育者即孩子家长的一个建议，而改正自由散漫、缺乏自律性的坏习惯是一项需要自我反思、主动行动的行为，将"自律协议"的条条框框逐渐变成自己主动的要求和自觉的行动，这样"自律协议"才能算真正生效。

自律能力的强弱因人而异，提高自律能力也是如此。心理学家弗洛伊德认为，人的自律能力弱是因为潜意识或者本我的膨胀，使超我制约能力相对薄弱。打个比方来说，你的自律能力很弱，爱玩电游，但现在高考在即，学习是第一位的，这谁都知道。可当你自己下定决心再也不玩电游了，制订了学习计划并实施的时候，朋友的一个电话或者一次偶然的机会，你放松了一次，随后你发现，所有的决心、计划都付之东去了。为什么？问题很简单，在你实施计划或者下定决心的时候，在超我的指使下你控制了自己的那些诸如"玩游戏"之类的小毛病，可是，当你感觉到有些疲劳，或许有些沾沾自喜的时候，你的潜意识又趁机而动，向超我发起了挑战。看是只放松了一次，实际上是全面的胜利，但这胜利是潜意识的，而不是超我的。

因此在自律方面，不能对自己有一丝一毫的放松，特别是在时间计划之外的活动，甚至比计划本身更能引起你兴趣的事物，你一定要提高警惕。每一个开小差的念头从脑海中闪过，你都要提醒自己不能走神，集中精力。自律能力，很大程度上就表现在意念控制上。意念控制的作用就表现在促进自己积极行动上。可以通过积极的自我暗示来增强信心，自己激励自己去进行积极的行动。通过座右铭或者一些榜样的力量，时刻勉励自己，也不妨给自己作出一些奖惩规定，来约束自己的行为，这种精神力量的培养对于奋斗进取，直至成功是大有裨益的。

如果你正在和自律挣扎，不必担忧，其实自律是可以培养的，只要掌握了下列五点规律：

1. 自觉

自律意味着按照你所认定是最好的行动，而不顾及此刻你的感受。所以，自律的第一个特点就是自觉。你需要决定哪些行为能最好的达到你的目标和实现你的价值。这个过程要求自我反省和自我分析，最有效的是和写下来的描述相联系。

2. 自我意识

自我意识从两方面决定了自律：你正在做的事情和你没有在做的事情。想一想，如果你没有意识到你的行为是无纪律的，那你又怎么知道用另外的方式来行动呢？

当你开始培养自律时，你可能会注意到自己正进行着不自律的行为，关键就在于你对自己的不自律行为保持警觉。渐渐地这种警觉性会在你不自律的行为之前就提醒你。这让你在做决定时，更好地靠近你的目标和价值。

3. 自律的承诺

仅是简单地写出你的目标和价值是不够的，你必须对它们做出承诺。否则，当你的闹钟在早上 5 点响起时，你会按下暂停键，想着再睡 5 分钟吧，也没太大关系的，或者当最初的热情褪去后，你的项目就进入了跌跌撞撞走向完成的过程。

当你和承诺挣扎时，按照你讲过的你要去做的事情，包括你讲过的要做的事情以及做的方法，做一个清醒的决定。最好形成一个评估系统，比如他人的监督或者可对照的计划表。有句话是这样说的：当事物被评估的时候，它就会改进的。

4. 勇气

自律需要很大的勇气。当事情其实很难的时候，不要假装它对你而言是很简单的，相反，要找到勇气来面对辛苦和困难。当你慢慢累积小小的胜利时，你的自信会增长，支持你自律的勇气也会源源不断。

5. 自我指导

自我对话通常是有害的，但当你掌控它的时候，又是极其有用的。多跟自己对话，鼓励自己，肯定自己。毕竟，自我对话有能力向你提醒你的目标、唤起你的勇气、加强你的承诺，以及对你手边的任务保持清醒。"纪律的代价通常都小于后悔的痛苦。"最好把这句话融进你的记忆中，这会改变你的一生。

不偷懒——勤奋的精神

在时间面前，勤奋是最受欢迎的朋友。勤，即意味着珍惜时间，勤学习、勤思考、勤探究、勤实践，把时间充分地利用好。勤奋是人们获取成功的必要前提，也是我们每个人都应该具备的良好品格。唯有勤奋，才能创造一个人事业的成功与辉煌。

古往今来，对于取得功绩的人来说，他们提到最多的一个词就是勤奋。

王羲之是东晋有名的书法家，他每天坚持练字，练完后就在家边的一口池塘里洗笔。这样日复一日，竟将整口池塘的水染成了黑色，如同墨一般。于是人们把这口池塘叫做"墨池"。王羲之的儿子王献之练习书法，用尽18缸水，终于成为一代大师，与父亲并称"二王"。

而所谓的天才，常常也是来自于勤奋。

我国古代伟大的诗人屈原小时候不顾长辈的反对，不论刮风下雨，天寒地冻，躲到山洞里偷读《诗经》。经过整整三年，他熟读了《诗经》305篇，从这些民歌民谣中吸收了丰富的营养，终于成为一位伟大诗人。

法国作家福楼拜，他的窗口面对塞纳河，由于他经常勤奋钻研，通宵达旦，夜间航船的人们常把它当作航标灯。他的学生莫泊桑，从20岁开始写作，到30岁才写出第一篇短篇小说《羊脂球》，在他的房间里可以看到草稿纸已有书桌那么高了。

爱迪生一生有一千多项发明。他为了发明电灯，阅读了大量资料，光笔记就有四万多页，他试验过几千种物质，做了几万次实验，才发明出了电灯。

数学家陈景润为了证明"哥德巴赫猜想"，他日复一日，年复一年的沉浸在数学中，常常废寝忘食。还有很多伟人的事例不胜枚举。但他们的人生经历都说明了一个道理：唯有勤奋，才能在时间里收获成就。

有这样一位同学，他算不上非常聪明，但是他非常勤奋。上小学的时候，他学习就很用心。当遇到不能理解的课文时，一定会花时间把问题弄明白了才肯罢休。他和别的孩子一样喜欢玩，只要他学习上没有什么问题，下课铃声一响，他总是最先冲到操场上，而最先回到课堂上的也是他。他努力地学习，疯狂地玩耍，无论是上课，还是下课他都是快乐的。

高中毕业的时候，因为品学兼优，学校保送他上了大学。在大学里他如鱼得水，那里是一片开阔的天地，他就像一条小鱼在知识的海洋里尽情地畅游。无论做什么事，他都要把功课做好了再去，上课前他都会事先预习，课后还要复习，所以老师的问题从来没有难倒过他。学校领导对他的评价很高，同学们也很喜欢他。

大学里有很多社团，这位同学也参加了一个。依照习惯，每年都要从这个社团选一名代表做演讲，他被幸运地选中。勤奋的他依靠博学的知识赢得了在场每一个人的掌声。毕业的那一天，他的父母、兄弟姐妹都来听他的毕业演讲。穿着学士服的他看起来是那么神气。

通过这个故事我们可以知道，勤奋虽然辛苦，但是最后得到的一定会远远超出所付出的。而懒惰的孩子总是不能掌握好每一步的机会和挑战，很可能一事无成。

懒惰是勤奋道路上的大敌，它会吞噬人的心灵，引发无聊，在虚度光阴里使自己成为一个平庸的人。一个很常见的现象是一些人愿意花费很多精力来逃避工作和学习，却不愿花相同的精力来努力完成工作。他们以为自己的这种做法是聪明的，在当别人兢兢业业取得成绩的时候，他们在时间里却颗粒无收，到头来愚弄的只能是自己。

懒惰之人的一个主要特点就是拖拉。把前天该完成的事情拖拉应付到后天，这是一种很坏的习惯，对渴望成功的人来说，拖拉最具破坏性，也是最危险的恶习，它使人丧失进取心。一旦开始遇事推拖，就很容易再次拖拉，直到变成一种根深蒂固的习惯。尤其是在学习中，懒惰、拖拉对于掌握学习效率、提高学习成绩来说，是很大的绊脚石。

有一位同学就是这样，他的时间观念很不强，自律能力也很差。什么事情都是能拖一会儿就拖一会儿，到最后实在是拖不下去了才开始着手去做。暑假里老师布置了每天都要写日记的任务，他却磨磨蹭蹭不肯写，即使是写了也是很少的几行字。直到快要开学了，两个月假期他一共才写了十来篇。到了要开学的时候，才开始着急，忙着"补"日记。本来，日记是记录自己每天的心情和事件的，在短短的几天里要完成一个假期的日记，对于一个学生来说，是很困难的，而且这样临时抱佛脚的做法，质量根本难以保证。最后他只好抄了书上的很多篇日记，然后自己又胡乱地写了很多，这才勉强凑齐了篇幅，可是里面的内容真是不忍卒读。

由此可见，时间管理本来是一件极为简单的事情，只要按照原来的计划和方向，按时按质量完成，积累下来，成果就会非常可观。但是很多人连这样简单的一点都做不到，总觉得按照计划操作是一件很辛苦的事情，寻找各种理由来拖拉，最终无法完成自己的初衷。这是非常需要警惕和反思的。

不浮躁——平和的心态

时间是一个漫长的过程。一首歌几分钟就可以听完，一本书半天时间也可以读完，但是考上大学，需要我们从小学开始就认真学习，打下扎实的基础，这需要十多年的时间，而要想成为一个伟大的科学家或者文学家，那么就需要在相应的领域奋斗很多年。前面我们提到过坚持的力量，没错，坚持不懈的精神在时间里是发光的金子，经历得越久，它的品质越会闪闪发亮。同时我们也应该预料到，要想完成一件事情，很多时候是不可能一蹴而就、一帆风顺的，中间会遇到很多的困难和挫折，在实际中很多目标难以按照原先的计划完成，因为实施的过程中会遇到很多难以预料到的阻碍。这些阻碍，是时间对我们的考验，如果心浮气躁，在挫折面前觉得难以胜任，那么再伟大的梦想也难以实现，想成为时间的主人也不过是一纸空谈，而平和的心态则有助于我们在实行计划、实现目标的过程中踏踏实实、宠辱不惊，顺利地驶过时间的"漩涡"，最终到达梦想的彼岸。

有个故事是说，两个在沙漠上艰难行走的探险者发现了一杯水，其中一个人高兴地说："看，终于有一杯水了，"而另一个人却说："怎么只有一杯水。"很多事情都与人们对待事物的态度以及心态有关，不同的人在同一时间里做同一件事情会有不同的感受。拿破仑·希尔说："人与人之间的差异其实很小，但这种很小的差异却造成了巨大的差异。很小的差异指的是心态，巨大差异指的是人生结果。"其实只要保持一种平和的心态，用快乐积极的心态来对待自己的学习和工作任务。

要知道，时间是一种过程，在滴滴答答一分一秒的流逝里，最后才到达一个完美的结局，而这一结局在生命的、历史的长河里又不过是沧海一瞬。人生总得有一种动力催促着前行，在通往彼岸的漫漫征途中，以平和的心态坚持踏踏实实地做事，坦坦荡荡地做人，并不因为工作的琐细而产生厌恶和拒绝的心态，这样利用时间的过程本身，不就是一种幸福和美好么？

一位美国的心理学家做过这样一个实验，他找到一些缺乏耐心、毅力很差的孩子，把他们分成两组，然后他指着一堆积木，对其中的一组说："你们现要用这堆积木搭一座房子。"孩子们本以为参加这个实验又是什么智力测试、题目演算等老一套，没想到却是玩游戏，这正是他们喜欢的。于是他们兴冲冲地就动手去做。不过，别看只是一项游戏，但用一大堆积木搭一座一米多高的房子，并不是一件简单的事情。半个小时过去了，有的孩子失去了兴趣，就去玩别的了，又过了半个小时，这一组中的所有孩子都失去了耐心，房子却几乎连地基都没有完成。

这时轮到另外一组了。心理学家对这组里的小朋友说："现在你们要搭一座房子，但是在搭房子之前，你们要告诉我们准备花多长时间去搭地基，多长时间去盖墙壁，多长时间去搭屋顶，多长时间去安装窗户。"小朋友们一商量，给出了大概的时间，他们估计地基要花半个小时的时间，墙壁要花 1 个小时的时间，屋顶和窗户又分别花半个小时。

在随后的发展当中，他们就按照这个时间进度去工作，虽然时间最后有所超出，但最终的结果却是在 3 个小时以后，他们真的把房子盖成了！

看到搭好的漂亮房子，孩子们自己都不敢相信这是出自他们的手笔。他们相互庆贺，同时又感到困惑："这么难的工作，我们是怎么做成的啊？"

心理学家说出了其中的奥秘，把一项复杂的工作分解成几个简单的部分，再按步骤去做，就不会感觉充满了困难而信心受挫、耐心降低，从而能够按照步骤愉悦地从简单的部分做起，累积起来最后就把一项复杂的事情给做成功了。

这个实验告诉我们一个道理，通过恰当地分解复杂任务，并且给每一项分解任务分配合理的时间，可以缓解孩子的焦躁情绪，使他们更具有持久性和耐心。

这时候，我们不妨像前面那位心理学家那样，帮助孩子把复杂的工作分解一下，再制订出一个可供操作的时间进度，这样，孩子就不会再感到整个工作是一件很可怕的事情，因为他们可以一步一步、按部就班地完成。所以，教孩子学会管理时间，对他们的耐心与毅力的培养是一种很好的方法。

平和的心态需要静心与定位，这是一种良好的心理素养。一位哲人说"天才是长期的忍耐"，做事情既要节约时间、高效率地完成，当事情复杂而琐碎，需要很多个程序才能够掌握的话，那么耐心就起着至关重要的作用，如同串起一堆散乱珠子的精神主线，把杂乱无序、心浮气躁变成潺潺的溪流，宁静悠远地流淌下去。

心浮气躁往往是由于挫折感而产生的，比如做一道数学题，在开始刚拿到题的时候，尽管老师提醒你这道题有一定的难度，需要多花一些时间来解答，预计半个小时到一个小时。可是有些同学开始着手解决的时候，还是被这道题刁钻的提问方式给"降服"了，在动了十几分钟脑筋之后，还是难以找到解题思路，于是就会马上变得不耐烦，认为自己根本无法解决这道问题，把笔和草稿纸往一边一丢，就坐着等老师讲解了。

其实，困难和挫折是过程中的必修课，克服心浮气躁，我们才能够获得成功。英国诗人雪莱曾说："如果你十分珍爱自己的羽毛，不使它受一点损伤，那么，你将失去两只翅膀，永远不再能够凌空飞翔。"平和的心态可以帮助我们找到成功与困难之间的最佳平衡点，也许在做那道数学难题的时候，不那么急着马上求解，而是从命题人的思路出发，逆向思考，或者在按常规方法解答不出来的时候，深呼吸一口气，再换个想法，说不定会豁然开朗，从而找到解答问题的正确方法。抬表一看，那个时候也许你连半个小时还没有用上呢！所以说，平和的心态在时间管理中扮演着抚慰情绪、理清思路、循序渐进，最终赢得时间、获得成功的角色。

不浪费——节约的习惯

节约是一种美德，节约时间简直是一种财富的创造。在开篇我们已经提过节约时间的重要性，这里则是要把节约时间作为一种应当具备的品质来进一步强调，直到让它成为我们生命中不假思索的习惯，如果能做到这一点的话，那么恭喜你，你已经获得了"时间主人"的身份标签了。

在某种程度上可以说，一切节约最终都可以归结为时间的节约。在经济学家的眼中，时间是一种非常宝贵的资源，可以创造出无穷无尽的财富。许多富裕的国家都有一个共同点，即时间成本的节约，在最短的时间里高效完成事情。

美国许多文具商店里都有"电话留言纸"出售，上面印着日期、时刻、受话人姓名、发话人姓名。内容栏里又分：请回电话到×××号，等一会再来电话等等。有了电话留言纸，受话人不在办公室把信息传达给他就方便多了，免得对方再三拨电话，既浪费时间，又占用线路。一张电话留言纸花费不足 1 美分，而打一次本地电话要 25～50 美分（不同城市价格不同）。

美国的很多超市收款点常设有快行道，专门为购物不足 10 件的顾客服务，因为大多数顾客一次购物都达到几十上百件。购物少的顾客可以不必等这些买大批东西的顾客，快速通过。坐在柜台上的服务员为了减少顾客等待，也有一套服务规范。在经济学家茅于轼看来，如果这些细节都能够实现，那么恐怕每年能多创造出上亿元的财富。

一寸光阴一寸金，寸金难买寸光阴。为了避免浪费，很多国家甚至启用法律法规，来倡导国民们节约时间。富兰克林在任美国驻法国大使期间，由于习惯于当时美国农村贵族的早睡早起生活，早上散步时看到法国人 10 点才起床，夜生活过到深夜。于是他在 1784 年给《巴黎杂志》的编辑写了一封信，信上说法国人的生活习惯浪费了大好的阳光，建议法国人早睡早起，说每年可以节约 6400 万磅蜡烛。以这个珍惜时间和能源的想法为契机，经过多年的发展，日光节约时间（即夏时令）的做法在很多国家推广开来，成为通行的标准。

其实环境对于个人是有影响的，在一个对于十分节约时间的社会中，每个人的效率自然能比现有情况高出很多，另外一个方面，如果我们每个人都能够把自己的时间充分利用，不浪费时间，而是珍惜时间、节约时间的话，那么我们个人的力量也将形成强大的合力，产生更广泛的影响。

所以要节约时间的话，那就从身边的点滴小事做起吧，从一些细微的习惯里开始改变，早睡早起，不要熬夜也不要赖床。可以把自己的手表拨快一点点，3分钟或者5分钟，提前的节奏有助于时间的充分利用和节约，在等车或者排队的时候，也把时间有效地利用起来，读读书、看看报或者抓紧背诵几个英文单词，在休息的时候不要无节制地长时间看电视或者玩游戏。看着这些时间从身边浪费，应该产生一种内疚感和负罪感。提前做好规划和准备，而不是等事情来了才眉毛胡子一把抓，这样可以帮你有效地节约很多时间来处理另外的事情。在结束一件事情后应该做出反思和总结，看看中间有哪些拖沓和散慢之处可以改进。关于节约时间、提高效率的方法和原则，在前面我们已经介绍了很多，这里需要强调的是大家应当把对时间的节约化成自己根深蒂固的习惯，在有限的时间里来完成更多的事情，从而让生活和学习变得更加丰富多彩。

不消沉——乐观的情绪

有句话说得好，开心也是一天，不开心也是一天，那么为什么每一天不去开开心心地面对呢？

在有关时间的哲学里，这句话的影响力和实际力已经远远超出一天24小时本身。为什么这样说呢？因为在积极乐观的情绪中，做什么事情都会很开心、很放松，无形中有一股推动力在推动着你欢快地做每一件事情，哪怕是一件非常困难、不容易完成的事情。做完之后，你大概自己都会觉得不可思议为什么效率会这么高。相反，如果你时常处在不好的情绪状态里，哪怕一件很小的事情都会让你觉得心烦气躁，难以处理，更别说那些需要集中精力、专心应对的重要任务了。

举个例子来说，譬如周末你决定花一下午时间来打扫一下房间，这个时候你心情非常好，很雀跃地开始扫地、擦窗户，动作迅捷轻盈。如果来点音乐，相信你的心情会锦上添花，听着自己喜欢而熟悉的旋律，不自觉中把桌子也重新收拾了一遍，书架也重新码放整齐。不知不觉中，你惊奇地发现，整个家里焕然一新，一尘不染，而这是你原来所根本没有预料到的工作量。

相反，要是你根本不情愿这样的打扫，拖拖拉拉，迟迟不肯付诸行动，这时你的家人由于你的懒惰说了你几句，可能会引起你更加强烈的逆反情绪。本来一下午的时间足够好好打扫一番了，结果一两个小时过去了，连地也没打扫好，即使扫完了，也是应付了事，死角里的灰尘仍然逍遥着呢。这样的情绪状态里，怎么能把事情做好呢？而一下午的时间也徒然地浪费掉了。如果这样消极懈怠的情绪蔓延到晚上，你本来计划看一会儿书，可是由于心烦气躁而看不进去，导致其他的时间安排也受到影响，这下子可是真的得不偿失了！

所以说，乍一看乐观的情绪好像跟时间的管理没有什么联系，其实二者之间的联系非常紧密。每个人都曾经有过这样的体会，如果某一天，自己的精神饱满而且情绪高涨，那样在学习一样东西时就会感到很轻松，学的也很快，其实这正是我们的学习效率高的时候。因此，保持自我情绪的良好是十分重要的。我们在日常生活中，应当有较为开朗的心境，不要过多地去想那些不顺心的事，而是要以一种热情向上的生活态度去对待周围的人和事，因为这样，无论对别人还是对自己都是很有好处的。这样，我们就能在自己的周围营造一个十分轻松的氛围，学习起来也就感到格外的有精神。

现代科学证明，情绪可以通过大脑而影响心理活动和全身的生理活动。乐观的情绪可以使人体内的神经系统、内分泌系统的自动调节机能处于最佳状态，有利于促进身体健康和精力充沛，从而提高工作和学习效率。那么面对不良情绪应该怎样进行调整呢？应如何保持乐观的情绪呢？下面就向大家介绍几种保持乐观情绪的有效方法：

1. 能量排泄法

对不良情绪所产生的能量可用各种办法加以调整。例如，当生气和愤怒时，可以到空旷的地方去大喊几声，或者去参加一些重体力劳动，也可以进行比较剧烈的体育活动，跑两圈，扔几个铅球，把心理的能量变为体力上的能力释放出去，气也就顺些了。哭也可以释放能量，调整机体平衡。在亲人和挚友面前痛哭，是一种真实感情的爆发，大哭一场，痛苦和悲伤的情绪就减少了许多，心情就会痛快多了。

2. 语言暗示法

当不良情绪要爆发或感到心中十分压抑的时候，可以通过语言的暗示作用，来调整和放松心理上的紧张，使不良情绪得到缓解。当你将要发怒的时候，可以用语言来暗示自己："别做蠢事，发怒是无能的表现。发怒既伤自己，又伤别人，还于事无补。"这样的自我提醒，就会使心情平静一些。

3. 环境调节法

大自然的景色，能扩大胸怀，愉悦身心，陶冶情操。到大自然中去走一走，对于调节人的心理活动有很好的效果。心绪不好或感到心理压力大，郁闷不乐时，千万不要一个人关在屋子里生闷气。应该走出去，到环境优美、空气宜人的花园、郊外，甚至是农村的田园小路上去走一走，舒缓一下心绪，去除一些烦恼。定期到大自然中去放松一下，对于保持身体健康，调解身心紧张大有益处。

　　要记住，你无法改变天气，却可以改变心情；你无法控制别人，但能够掌握自己。而好的心情是一切希望的开始，拥有了好的心情，你才能够在目标和计划面前呈现出一个积极的精神面貌，从而自信从容地在时间里完成相应的任务。